Node.js

Web-palveluiden ohjelmointi

Juha Peltomäki

Tämän teoksen osittainenkin kopiointi on tekijänoikeuslain (404/61, muut. 897/80) mukaisesti kielletty ilman nimenomaista lupaa.

Kustantaja: BoD – Books on Demand, Helsinki, Suomi

Valmistaja: BoD – Books on Demand, Norderstedt, Saksa

ISBN: 978-952-802-634-1

Sisällysluettelo

4

Node.js

Node on suosittu vaihtoehto sovellusten tekemiseen, jossa tarvitaan paljon rinnakkaisuutta mutta vähemmän prosessointia palvelinpuolella. Interaktiiviset ja reaaliaikaiset verkkosovellukset, joihin tulee paljon I/O-pyyntöjä, ovat otollinen kohde Noden käyttämiseen. Jos vastaavasti tarvitaan raskasta prosessointia, joka suoritus kestää pitkään, Node ei välttämättä ole paras vaihtoehto, koska se on yksisäikeinen.

Kaiken kaikkiaan Noden keveys voi merkittävästi parantaa verkkosovelluksen skaalautuvuutta, ylläpidettävyyttä ja tehokkuutta. Nodea voi käyttää modularisoimaan yrityksen sovelluspino sekä jakamaan sovelluskehitysprosessi lukuisiksi, toisistaan erillisiksi mikropalveluiksi. Lisäksi tällaista sovellusta voi aiempaa skaalautuvammin ajaa pilviympäristössä.

Node ja MEAN

NODE on **MEAN**-sovelluspinossa merkki "N" ja toimii **MEAN Stack** -pinolla kehitettyjen sovellusten ajoympäristönä (*runtime environment*). Itse MEAN-pinossa kaikki on ohjelmoitu JavaScriptillä, mikä tekee sovelluskehityksestä yksinkertaisen ja helpon sekä kehittäjän että ohjelmien ajon kannalta. MEAN-pinoon voi integroida myös useita muita moduuleja. Esimerkiksi Mongoose-kirjastoa voi käyttää Noden rinnalla helpottamaan integrointia MongoDB:n kanssa.

Keskeiset käyttökohteet

Node.js (usein kutsutaan pelkästään **Node**) tärkeimpiä käyttökohteita ovat:

- Streaming-tietovirtaa hyödyntävät sovellukset

- tapahtumapohjaiset reaaliaikasovellukset

- Yhden sivun sovellukset Single-Page Application (SPA)

- reaaliaikaiset chat-sovellukset

stream-tietovirtatuki

Node sisältää sisäänrakennettuna rajapinnan sekä kirjoitettaville ja luettaville **tietovirroille**. Niitä voidaan myös helposti ja tehokkaasti prosessoida ja monitoroida.

Node sisältää natiivisti Stream-moduulin, joka toimitetaan core noden mukana. Nodessa **Stream** on **EventEmitter**-luokan toteutus, ja sillä käsitellään tapahtumat asynkronisesti Node-sovelluksessa. Tästä syystä tietovirrat ovat Nodessa tapahtumapohjaisia (*event-based streams*).

Reaaliaikasovellukset

Reaaliaikaiset sovellukset (*real-time applications*) ovat pohjimmiltaan ohjelmistoratkaisuja, joita käytetään laajasti esimerkiksi projektinhallintaan, ääni- ja videoneuvotteluihin, yhteistyössä tehtäviin asiakirjojen ja dokumenttien muokkaamiseen, keskustelusovelluksiin, piirtosovelluksiin ja muihin vastaaviin sovelluksiin.

Reaaliaikaisissa ohjelmistoissa tapahtuu samanaikaisesti paljon I/O-pyyntöjä ja tapahtumia. Esimerkiksi projektinhallintaratkaisussa useat käyttäjät voi kirjoittaa kommentteja, tai he voivat päivittää projektin tilaa ja liittää kuvia, videoita ja muuta mediaa tiettyyn projektiin. Tämän tyyppisiin sovelluksiin **tapahtumapohjainen** ja **stream-tietovirtoja** hyvin tehokkaasti tukeva Node on erittäin nopea ja toimiva ratkaisu.

Node käsitellään I/O-operaatioita tehokkaasti käyttäen mm. sisäänrakennettuja **WebSocket API**- sekä **Event API**-rajapintojaan. Tämän takia Nodesta on tullut sovelluskehittäjien suosikkivalinta reaaliaikaisten ja tapahtumapohjaisten yhteistyösovellusten rakentamiseen.

Yhden sivun sovellukset

Node sopii erinomaisesti yksisivuisten **SPA-sovellusten** (*Single Page Application*) tekemiseen, koska se pystyy käsittelemään tehokkaasti asynkronisia pyyntöjä ja ajamaan rinnakkain raskaita I/O-toimintoja. Node toimii hyvin dataohjattujen yksisivuisten SPA-sovellusten kanssa, joissa palvelin toimii taustalla siirtäen tiedon asiakkaana toimivalle web-selaimelle, joka vastaavasti hoitaa kaiken HTML-renderöinnin.

SPA-sovellusten rakentamisen suurin etu monille kehittäjille on se, että kaikki toteutukset voi hoitaa yhdellä kielellä, JavaScriptillä. Tällöin ainakin osittain samat ratkaisut (luokat, tietorakenteet, funktiot jne.) ja jopa toteutukset voivat olla käytössä sekä asiakas- että palvelinpuolella. Yhden kielen käyttäminen nopeuttaa sekä sovelluksen kehittämistä että ylläpitoa.

Microservices-ratkaisut

Noden avulla voi kehittää web-palvelinsovelluksia ja usein sovellus rakennetaan palveluarkkitehtuurin pohjaisesti. Tällöin puhutaan **RESTful**-palveluista tai usein myös **MicroServices**-arkkitehtuurista, joka toki pohjautuu RESTful-palveluin.

Microservices-arkkitehtuuri on ratkaisu, jossa web-sovellus kehitetään pieninä, riippumattomina palveluina, joissa jokainen palvelu toteuttaa jonkin yksittäisen, toisistaan riippumattoman osan liiketoimintalogiikasta.

Microservices-arkkitehtuuri on tullut yhä suositummaksi ja sitä käyttää monissa palveluissa mm. Amazon, Facebook, Twitter ja Netflix.

Tämän tyyppisissä web-sovelluksissa viestitään tavallisesti käyttäen REST/HTTP-protokollaa sekä JSON-tietorakenteita.

Node web-palvelinsovelluksen kehittämiseen

Nodea voi käyttää palvelinpuolen toteuttamisen. Palvelinpuolelle JavaScript-ohjelmia voi rakentaa käyttäen Node-ympäristöä. Se sisältää JavaScript-kielen tuen, joka on rakennettu **Chromium**-projektin ja **Google Chromen** käyttämän **V8**-selainmoottorin varaan. npm-paketinhallintajärjestelmällä voi ylläpitää ja hallita uusien ominaisuuksien ja pakettien asentamista node-ympäristöön ja pitää näin ollen järjestelmän kirjastot ja niiden versiot ajan tasalla.

Ryan Dahlin vuonna 2009 Linuxille julkaisema Node.js -versio mahdollisti JavaScript-kieltä käyttäen tapahtumapohjaisen ohjelmoinnin palvelinpuolella. Julkaisun merkityksellisyydestä kertoo se, että vuonna 2011 Microsoft julkaisi Node.js -version myös Windows-käyttöjärjestelmään.

Nodea on suosittu ratkaisu erityyppisten ja usein palvelupohjaisten web-sovellusten rakentamiseen. Keskeisiä huomioitavia asioita web-sovellusten rakentamisessa ovat:

- **Core Node.js** sellaisenaan riittämätön ratkaisu web-palvelinsovellusten tai web-palveluiden rakentamiseen. Core Node sisältää pääasiassa vain JavaScript-ohjelmien suorittamisen asynkronisesti palvelinpuolella.

- Todellisten web-sovellusten kehittäminen ja suorittaminen vaatii yleensä jonkin Node Frameworkin eli Node-sovelluskehyksen

- Esimerkiksi web-sovellusten tekemiseen oiva ratkaisu on jonkin **Web Framework**, kuten esimerkiksi tässä kirjassa käytettävä **Express JS**: http://expressjs.com/

MEAN-sovelluspino

Usein Noden yhteydessä puhutaan **MEAN**-sovelluspinosta, joka on kokonaisuus Full-Stack web-sovellusten rakentamiseen. Se sisältää seuraavat sovellukset:

- **MongoDB**,

- **ExpressJS**,

- **AngularJS** ja

- **Node**.

MEAN-sovelluspinossa on keskeisenä komponenttina yhteinen ohjelmointikieli eli JavaScript. Sekä asiakaspuoli (*frontend*) että palvelinpuoli (*backend*) kehitetään JavaScriptillä, jolloin toteutukset voi kytkeä paljon tiiviimmin toisiinsa. Tiedonsiirtoon käytetään yleensä JSON-formaattia, joka on natiivia JavaScriptiä, joten sitä on helppo ja nopea jäsentää sekä palvelin- että asiakaspäässä käyttäen osittain samoja luokkia.

Myös MongoDB tukee ohjelmointi- ja kyselykielenä JavaScriptiä natiivisti, mikä entisestään helpottaa myöhemmin sovelluksen ylläpitoa.

ECMAScript

ECMA International (*European Computer Manufacturers Association*) on eurooppalainen standardointiorganisaatio, jolla on monia tietotekniikka-alan kansainvälisiä standardeja. Yksi organisaation merkittävä standardi on nimeltään **ECMAScript**. Ensimmäinen versio eli ECMA-262 -standardikieli julkaistiin jo kesäkuussa 1997, mutta alussa standardi jäi lähinnä kuriositeetin asemaan, sillä tuohon aikaan eri selainvalmistajat (Microsoft ja Netscape) kehittävät kilvan uusia ominaisuuksia kielen pohjalta. Standardista on sen jälkeen julkaistu useita versioita.

Tärkeimmät versiot ECMAScript-standardikielestä on lueteltu alla:

- **ECMAScript 1** julkaistiin vuonna 1997 ja se loi pohjan yhdenmukaisemmalle JavaScript-kielen käytölle. Tämä versio yhdenmukaisti JavaScript-toteutuksia, jotka siihen aikaan kilpailivat ominaisuuksilla keskenään vaikeuttaen sovelluskehittäjien työtä.

- **ECMAScript 3** julkaistiin vuonna 1999 sisältäen mm. Regular Expression -tuen sekä try/catch -poikkeuskäsittely. Se oli kymmenen vuotta standardikielen asemassa.

- **ECMAScript 5** -versio (**ES5**) julkaistiin joulukuussa 2009. Kesäkuussa 2011 julkaistiin vielä versio 5.1. Keskeisinä uusina ominaisuuksia oli mm. strict mode sekä natiivi JSON-tuki standardikielessä.

- **ECMAScript 6** (**ES6**, ECMAScript 2015) julkaistiin kesäkuussa 2015. Se sisälsi luokat, moduulit, asynkronisen ohjelmoinnin tuen, iteraattorit, generaattorit sekä lohkonäkyvyysalueen säilyttäen yhteensopivuuden vanhaan koodiin ja oli suurin muutos sitten kielen julkaisemisen. ES6 tukee suurempia sovelluksia, kirjastojen luontia sekä muiden kielten kääntämistä ECMAScript-kielelle. Se oli oikeastaan viidentoista vuoden työn tulos tehden JavaScript-kielestä hyväksyttävän vaihtoehdon suurten sovellusten rakentamiseen.

- **ECMAScript 7** (**ES7**, ECMAScript 2016) julkaistiin kesäkuussa 2016 ja tuki löytyy vain osasta selaimia. Tämän julkaisun myötä JavaScript-kielestä on tullut yhä elävämpi standardi, mutta itse standardi sisälsi suhteellisen pieniä muutoksia, kuten uusi eksponentiaalinen operaattori ja **Array**-luokan *includes*()-metodi

- **ECMAScript 8** (**ES8**, ECMAScript 2017) on kesäkuussa 2017 julkaistu versio standardikielestä. Se sisälsi mm. uudelle tavalle tehdä asynkronista ohjelmointia (**async** ja **await**), useammalla CPU-prosessorilla rinnakkaista suorittamista varten **Atomics**- sekä **Shared Memory** -tuet sekä joitakin uusia Object-luokan staattisia metodeja (**values**() ja **entries**()).

- **ECMAScript 2019** sisälsi paremman JSON-formaatin tuen tukien **JSON String**-literaaleja. Nyt myös **JSON.stringify**-metodi palauttaa validia UTF-8 - formaattia.

- **EcmaScript 2020** tukee suuria kokonaislukuja (**BigInt**), joissa voi käyttää 64-bittiä kokonaisluvun ilmaisemiseen. Mukana tulee myös operaattoreita **null**- ja **undefined**-arvojen käsittelyyn. Myös **Promise**-olioon lisätään uusia metodeja ja ominaisuuksia.

EcmaScript-standardointiprosessi

Tulevia EcmaScript-standardeja ja ehdotelmia voi kuka tahansa seurata **GitHub**-palvelussa ja niin halutessaan myös osallistua uusien versioiden kehittämiseen, dokumentoimiseen tai testaamiseen.

Tulevaisuudessa ECMAScript-kieli kehittyy siten, että siihen tulee ehdotuksia (*ECMAScript proposals*), jotka voivat tulla osaksi tulevia ECMAScript-standardeja.

Lisäksi joka vuosi julkaistaan uusi versio, joten tulevaisuudessa versionumerot jäänevät kokonaan historiaan. Standardiehdotukset voivat olla viidessä tilassa

- esiehdotelma (*Strawman*),

- ehdotelma (*Proposal*),

- luonnos (*Draft*),

- kandidaatti (*Candidate*) sekä

- valmis (*Finished*).

JIT-kääntäjät

Kaikki modernit ECMAscript-moottorit tukevat nopeaa **JIT**-käännöstä (*just-in-time compilation*), jossa JavaScript-tulkkaamisen sijasta käännetään konekielelle ennen suorittamista. Tämä käännös tehdään dynaamisesti ohjelman ajon aikana. JIT-kääntäminen tekee JavaScript-kielestä huomattavasti nopeamman kuin ensimmäisessä versioissa, joissa kieli on tulkattava skriptikieli.

Ensimmäinen JIT-kääntäjä, joka kirjoitettiin JavaScript-kieltä varten, oli vuonna 2009 julkaistu TraceMonkey-kääntäjä. Se julkaistiin **Mozilla Firefox** 3.5 -selaimen yhteydessä ja JavaScript-kielen tehokkuuden arveltiin nopeutuvan 20-40 -kertaiseksi verrattuna aiempaan Mozilla Firefox 3.0:ssa käytössä olleeseen JavaScript-tulkkiin. Firefoxin käyttämän JavaScript-moottorin nimi on **SpiderMonkey**.

Tämän jälkeen muutkin selainvalmistajat ovat kehittäneen nopeita JIT-kääntäjiä, ja mm. **Google Chromen** selaimessa olevassa **V8 JavaScript-moottorissa** (*engine*) on hyvin tehokas JIT-kääntäjä. Tämä **Chromium**-projektin kehittämä JavaScript-moottori on käytössä myös mm. **Couchbase**- ja **MongoDB**-tietokantamoottereissa sekä **Node.js**-ajoympäristössä. V8-moottorin JIT-kääntäjä on erittäin dynaaminen ja se osaa uudelleen optimoida konekieleksi käännettyä JavaScript-koodia ohjelman suorituksen aikana.

Mihin Nodea voi käyttää?

Nodella voi kirjoittaa kahden tyyppisiä ohjelmia:

- Verkko-ohjelmia, joita ajetaan palvelimella, jotka tukevat erilaisia protokollia, kuten HTTP-, TCP-, UDP-, DNS- sekä SSL-protokollia. Ohjelmat itsessään voivat olla palvelinohjelmia, palveluita tai asiakasohjelmia.

- Ohjelmia, jotka voivat kirjoittaa I/O-kanaviin ja lukea I/O-kanavia, kuten: tiedostojärjestelmät, tietokannat, prosessit, muisti sekä erilaiset muut tietovirrat. I/O-tuki on Nodessa hyvin monipuolinen sekä myös nopea.

Yleisiä I/O-lähteitä

Nodesta löytyy API-rajapinta minkä tahansa yleisen tietolähteen käyttämiseen, on se sitten verkkoprotokolla tai tietokantayhteys tai jopa tiedostoyhteys. Yleisiä I/O-lähteitä, joita Node tukee, ovat mm. seuraavat:

- Tietokantakirjastot (mm. **MySQL**, MongoDB, Redis), joissa tuetaan siis SQL- ja NoSQL-pohjaisia tietokantaratkaisuja

- **Web APIt** (mm. Twitter, Facebook) eli mikä tahansa RESTful API tai Microservices-arkkitehtuurin REST API on tuettuna

- **WebSocket** (reaaliaikaiset Web-sovellukset)

- Tiedostojärjestelmän tiedostot sekä hakemistot (luettavat sekä kirjoittavat tietovirrat)

- HTTP-pyynnöt (myös streaming-tuki)

- tuki tiedostojärjestelmään kohdistuville luku- ja kirjoitusoperaatioille (tiedostot, hakemistot ja niiden ominaisuudet)

- tiedon pakkausalgoritmit, kuten gzip tai deflate (zlib-moduulin tuki Gzip ja deflate-kompressointitavoille)

Node toteuttaa I/O-toimintonsa asynkronisesti, jolloin voi käsitellä runsaasti pyyntöjä samanaikaisesti. Nodessa I/O on estämätön (*non-blocking I/O*), jolloin useita tehtäviä voi suorittaa samanaikaisesti.

Tapahtumat ja tapahtumasilmukka

Tapahtumat (*Events*) ovat olleet alusta asti osa JavaScript-ympäristöä, koska selaimessa tapahtuva JavaScript-suorittaminen perustui käyttäjän tekemien tapahtumien käsittelyyn (*event handling*). Samaa pääperiaatetta Nodekin noudattaa. Tapahtumasilmukka (*event loop*) on perusosa Nodea.

- Selainpuolella (*Client side*) JavaScript-toteutuksissa on ollut aina rajattu määrä tuettuja tapahtumia. Se pohjautuu käyttäjän interaktioon DOM-rakenteen muodostavan HTML-sivun kanssa. Tapahtumia ovat mm. hiiren klikkaus, painikkeen painaminen tai linkin valinta. Tapahtumapohjaisesti voi vaikuttaa myös selaimen tai selainikkunoiden tukemiin tapahtumiin, mutta edelleen hyvin rajatusti.

- Palvelinpuolella (*Server side*) JavaScript-ohjelman suorittaminen mahdollistaa taas rajattomasti tuettavien tapahtumien kirjon riippuen siitä, mitä tapahtuu käytettävässä palvelinsovelluksessa. Esimerkiksi HTTP-palvelimella on tapahtuma *request*, joka toteutuu silloin kun asiakkaalta tulee pyyntö palvelimelle.

Tapahtumasilmukalla voi ajaa useita Node-sovelluksia samanaikaisesti. Kaikki Noden I/O-tapahtumat pitäisi olla estämättömiä.

Estämätön I/O

Nodessa kaikkien I/O-toimintojen tulee olla estämättömiä (*non-blocking I/O*).

- Täten esimerkiksi HTTP-pyyntöjen käsittely, tietokantapyynnöt, tiedostoon kirjoittaminen tai tiedoston pakkaaminen ei pysäytä ohjelman suoritusta eikä estä toisia I/O-operaatioita, ennen datan palauttamista.

- Kaikki I/O-toiminnot suoritetaan toisistaan riippumattomasti. Kun data on valmiina, I/O-operaatiot lähettävät tapahtuman (*emitting event*). Täten voi olla tuhansia callback-metodeja tai asynkronisia metodeja, jotka voivat käsitellä erilaisia I/O-toimintoja.

Perusperiaatteena on, että jokainen Node-sovellus on niin tapahtumapohjainen ja estämätön kuin mahdollista. Erityisesti tämä pätee palvelinsovelluksiin, joille voi tulla kymmeniä tuhansia pyyntöjä samalla sekunnilla, mutta silti järjestelmän tulisi kyetä palvelevaan asiakkaita nopeasti.

Callback-funktiot

Node on estämätön järjestelmä (*nonblocking system*). Esimerkiksi, kun tietokantahaun valmistumista pitää odottaa, käytetään tähän nk. takaisin kutsuttava funktiota eli yleisemmin **callback**-funtiota. Täten erilliset funktiot käsittelevät pyyntöjä ja lopettavat käsittelyn, kun varsinainen operaatio on saatu suoritettua loppuun. Toteutusstrategiana voi olla, että välität minkä tahansa tilan callback-funktioille tai käytät closureja tilan säilyttämiseen.

callback-funktiot ovat käsite, jossa funktiolausekkeen voi antaa toiselle funktiolle parametrina. Tällöin parametrina annettua funktiota voi kutsua funktion suorituksen aikana ja täten palauttaa halutunlainen tulos tai kutsua haluttua käsittelijäfunktiota. callback-funktioita käytetään erityisen runsaasti erilaisissa tapahtumankäsittelijöissä.

Peräkkäin suorittavien tehtävien hoitamiseen menetellään siten, että edellinen tehtävä on saatava valmiiksi ennen seuraavan suorittamista. Callback-funktioilla tämä tarkoittaa sisäkkäisiä callback-funktiota (*nesting callbacks*), jolloin ylemmän tason callback-funktiot saama vastaus käynnistää seuraavan tehtävän eli alemman tason callback-funktion.

Palvelinsovelluksen toteutusvaihtoehdot

Käytännössä on kaksi päästrategiaa kirjoittaa Nodella palvelinsovellus:

- Kaikki toiminnot ovat **tapahtumapohjaisia** (*event-driven*). Toteuttaminen

16

tehdään callback-funktioiden ja asynkronisin metodien avulla. Toteutus on mahdollistava estämätön ja tapahtumapohjainen

- Asynkroniset funktiot voidaan ohjelman ajon aikana suorittaa rinnakkain, mutta sen hoitaa JavaScript-ajoympäristö eikä siitä tarvitse huolehtia ohjelmassa

- Jos suorittaminen kestää pitkän aikaa, niin se voidaan delegoida erillisten **Web Worker** -prosessien suoritettavaksi.

- Säietuki **worker_threads**-moduulilla tuli mukaan Node 10.5 -versiosta alkaen

Noden Core-moduulit

Nodessa on melko vähän perusmoduuleja (core modules), ja luetellaan alla näistä keskeisimmät.

- **fs** – moduuli tiedostojärjestelmän käyttämiseen.

- **net** (TCP), **http, http2, https, dgram** (UDP) ovat perusmoduuleita TCP/IP-pohjaisten verkkoprotokollien ja palveluiden käyttöön

- **url, querystring, path** ovat moduuleja URLien parsimiseen sekä URL-osoitteiden enkoodaamiseen

- **stream** on rajapinta, joka tarjoaa pohjan tietovirtaluokille, joita ovat esim. *http.request* tai *process.stdout*

- **os** yhteistyöhän käyttöjärjestelmän kanssa

- **console** on yksinkertainen debug-konsoli

- **zlib** sopii tiedon ja datan pakkaaminen käyttäen ja tukien Gzip- sekä **deflate/inflate**-tiedonpakkausmetodeja.

- **timers** sisältää ajastusfunktioita, joiden avulla funktioita voi aikatauluttaa suoritettavaksi joinakin tulevina ajankohtina

- **Events** – monet Noden perustoiminnallisuudet rakentuvat asynkronisten tapahtumien ympärille. Siinä oliot nimeltään lähettäjät (*emitters*) lähettävät nimettyjä tapahtumia, joita kuuntelijat (*listeners*) käsittelevät.

- **cluster** – Yksittäinen Node-instanssi suoritetaan normaalisti yhdessä säikeessä. cluster voi hyödyntää useita prosessoreja, jotka suorittavat erillisiä Node.js-prosesseja.

- **repl** – REPL on rajapinta Node-konsoliin, jota voi kutsua myös omista Node-ohjelmista.

Useimmat moduulit tukevat Noden keskeisiä periaatteita: Nopeiden ohjelmien nopeaa kirjoittamista, jotka juttelevat joko I/O-systeemille kuten tiedostojärjestelmälle tai tarjoavat tuen webissä käytettäville verkkoprotokollille (kuten HTTP).

Lista kaikista sisäänrakennetuista moduuleista saadaan **repl**-moduulin **_builtinLibs**-ominaisuutta käyttäen:

```
$ node -pe "require('repl')._builtinLibs"
[
  'assert',          'async_hooks',  'buffer',
  'child_process',   'cluster',      'crypto',
  'dgram',           'dns',          'domain',
  'events',          'fs',           'http',
  'http2',           'https',        'inspector',
  'net',             'os',           'path',
  'perf_hooks',      'punycode',     'querystring',
  'readline',        'repl',         'stream',
  'string_decoder',  'tls',          'trace_events',
  'tty',             'url',          'util',
  'v8',              'vm',           'worker_threads',
  'zlib'
]
```

Noden asentaminen

Tässä kirjassa noden asennusohjeet annetaan vain hyvin kevyellä tasolla. Katso aina ajantasaiset asennusohjeet tarkemmin Noden web-dokumentaatiosta: https://nodejs.org/en/download/.

Noden asentaminen Linuxille

Uusimman Node-version asentaminen lähdekoodeista onnistuu seuraavalla komennolla **Ubuntu Linux**-järjestelmässä:

```
# Using Ubuntu
curl -sL https://deb.nodesource.com/setup_12.x | sudo -E bash -
```

Tällöin **NodeSource**-palvelusta ladattujen **Node.js 12.x**-versioiden asentaminen tapahtuu seuraavasti:

```
sudo apt-get install -y nodejs
sudo apt-get install gcc g++ make
```

Tarvittavien moduulien, kuten **express** tai **mongoose**, asennus tapahtuu komennolla **npm install**:

```
$ npm install express-generator mongoose express --save
+ express-generator@4.16.1
+ express@4.17.1
+ mongoose@5.9.5
added 2 packages, updated 3 packages and audited 7365 packages in
5.953s
```

Vanhojen pakettien tutkiminen on usein tärkeää. Koska pakettien välillä voi olla riippuvuuksia uusien versioiden asentaminen ei ole aina suoraviivaista. Vanhat paketit saat selville **npm outdated** -optiolla:

```
$ npm outdated
Package             Current  Wanted  Latest  Location
async                 0.9.2   0.9.2   3.2.0  global
cookie-parser         1.4.4   1.4.5   1.4.5  global
express-validator     6.2.0   6.4.0   6.4.0  global
mocha                 6.2.2   6.2.2   7.1.1  global
mongodb               3.3.3   3.5.5   3.5.5  global
mysql                2.17.1  2.18.1  2.18.1  global
npm-check-updates    3.1.25   3.2.2   4.0.4  global
request              2.88.0  2.88.2  2.88.2  global
```

```
sntp                0.2.4   0.2.4   3.0.2   global
tunnel-agent        0.3.0   0.3.0   0.6.0   global
```

Pakettien päivittäminen uusimpaan versioon tapahtuu **npm update** -optiolla:

```
$ npm update --save mysql
+ mysql@2.18.1
added 2 packages from 1 contributor, updated 1 package and audited
7388 packages in 4.783s
```

Npm

npm mahdollistaa koodin jakamisen muille Node- ja JavaScript-kehittäjille. Jaettavaa koodia kutsutaan paketeiksi tai moduuleiksi.

Paketti (*package*) on hakemisto, jossa on useita tiedostoja sekä tiedosto package.json, joka sisältää metadataa paketista. Tärkeintä metadataa on riippuvuudet muista paketeista. Tyypillisesti paketit ovat pieniä kooltaan ja hoitavat jotakin tiettyä toimintoa.

Uusimman npm-version päivittäminen

Node Package Manager eli **npm** kannattaa aina päivittää ja pitää tällä tavalla ajan tasalla:

```
$ sudo npm install npm -g
/usr/bin/npm -> /usr/lib/node_modules/npm/bin/npm-cli.js
/usr/bin/npx -> /usr/lib/node_modules/npm/bin/npx-cli.js
+ npm@6.14.2
added 8 packages from 4 contributors, removed 3 packages and updated
20 packages in 8.327s
```

npm

npm ls -optiolla listaa kaikki asennetut paketit, jotka ovat käytettävissä.

```
$ npm ls
...
├┬ express@4.17.1
│ ├┬ accepts@1.3.7
│ │ ├─ mime-types@2.1.24
│ │ └─ negotiator@0.6.2
│ ├─ array-flatten@1.1.1
│ ├┬ body-parser@1.19.0
│ │ ├─ bytes@3.1.0
│ │ ├─ content-type@1.0.4
│ │ ├─ debug@2.6.9
│ │ ├─ depd@1.1.2
│ │ ├┬ http-errors@1.7.2
│ │ │ ├─ depd@1.1.2
│ │ │ ├─ inherits@2.0.3
│ │ │ ├─ setprototypeof@1.1.1
│ │ │ ├─ statuses@1.5.0
│ │ │ └─ toidentifier@1.0.0
│ │ ├┬ iconv-lite@0.4.24
│ │ │ └─ safer-buffer@2.1.2
│ │ ├─ on-finished@2.3.0
│ │ ├─ qs@6.7.0
│ │ ├┬ raw-body@2.4.0
│ │ │ ├─ bytes@3.1.0
│ │ │ ├─ http-errors@1.7.2
│ │ │ ├─ iconv-lite@0.4.24
│ │ │ └─ unpipe@1.0.0
│ │ └─ type-is@1.6.18
```

```
...
─┬ mongodb@3.5.5
 │ ├─┬ bl@2.2.0
 │ │ ├── readable-stream@2.3.6
 │ │ └── safe-buffer@5.1.2
 │ ├── bson@1.1.1
 │ ├── denque@1.4.1
 │ ├─┬ require_optional@1.0.1
 │ │ ├── resolve-from@2.0.0
 │ │ └── semver@5.7.1
 │ ├── safe-buffer@5.1.2
 │ └─┬ saslprep@1.0.3
 │   └─┬ sparse-bitfield@3.0.3
 │     └── memory-pager@1.5.0
...
├─┬ mongoose@5.9.5
 │ ├── bson@1.1.1
 │ ├── kareem@2.3.1
 │ ├── mongodb@3.5.5 extraneous
 │ ├── mongoose-legacy-pluralize@1.0.2
 │ ├── mpath@0.6.0
 │ ├─┬ mquery@3.2.2
 │ │ ├── bluebird@3.5.1
 │ │ ├── debug@3.1.0 extraneous
 │ │ ├── regexp-clone@1.0.0
 │ │ ├── safe-buffer@5.1.2
 │ │ └── sliced@1.0.1
```

Noden peruskäyttö

Käydään läpi Noden peruskäyttöön liittyviä esimerkkejä. Nämä esimerkkiohjelmat käyttävät vain Noden core-moduuleja, joiden käytön osaaminen on kuitenkin ensiarvoisen tärkeää siirryttäessä Node-ohjelmoinnissa seuraavalle tasolle.

Node-koodin suorittaminen

JavaScript-kieltä voi kirjoittaa millä tahansa tekstieditorilla tai HTML-editorilla. Lisäksi useat IDE-välineet tukevat JavaScript-kieltä.

JavaScript-koodi suoritetaan joko selaimessa tai palvelinpuolella Node.js-ympäristössä. Kielen opettelun kannalta erityisesti palvelinpuolen harjoittelu on hyvä vaihtoehto myös aloittelijalle.

```
$node
> a = 10
10
> b = 20
20
> a + b
30
> console.log("a+b = " + (a + b))
a+b = 30
undefined
> console.log(dump)
ReferenceError: dump is not defined
    at repl:1:13
    at sigintHandlersWrap (vm.js:22:
    at sigintHandlersWrap (vm.js:73:
    at ContextifyScript.Script.runIr
    at REPLServer.defaultEval (repl.
```

Kuva: JavaScript-koodin suorittaminen Node.js-ympäristössä voi tapahtua interaktiivisessa tilassa.

Interaktiivinen Node-konsoli

Jotta Javascript-kielinen ohjelma yleensä edes voidaan suorittaa, Noden täytyy olla asennettu käyttöjärjestelmän polkuun (PATH). Tarkista tämä antamalla järjestelmän konsolille pelkkä komento **node**.

Tällöin käynnistyvällä Noden konsolilla (**REPL**) voi suorittaa lausekkeita interaktiivisesti ja samalla voi harjoitella JavaScript-kielen alkeita:

```
$ node
Welcome to Node.js v12.16.1.
Type ".help" for more information.
> let arr = [10, 20, 30]
undefined
> arr[2]
30
> arr[2] = 50
50
> arr
[ 10, 20, 50 ]
> console.log(arr)
[ 10, 20, 50 ]
undefined
> .exit
```

Node-ohjelman kirjoittaminen tiedostoon

Tavanomaisesti Node-ohjelma kuitenkin kirjoitetaan valitulla tekstieditorilla tai IDE:llä tallentaen lähdekoodi tekstitiedostoon. Kirjoitetaan seuraava koodi tiedostoon **hello-world.js**, jonka jälkeen se voidaan suorittaa komentoriviltä:

```
//Usage: node 00-hello-world.js
console.log("Hello World")
```

Suoritetaan kirjoitettu ohjelma terminaalilta node-komennolla varmistaen, että ollaan ohjelman suoritushetkellä siinä hakemistossa, mihin lähdekoodi on tallennettu:

```
$ node hello-world.js
Hello World
```

Kirjoitetaan seuraava ohjelma tiedostoon *node_hello.js*:

```
var arr = ["first", "second", "third"]
console.log(arr[0])
console.log(arr[1])
console.log(arr[2])
```

Suoritetaan ohjelma konsolilta:

```
$ node node_hello.js
first
second
third
```

JavaScript-esimerkki

Nodella suorittaa vain pelkkää JavaScript-koodia sisältäviä tiedostoja. HTML- tai XML-kieltä tai jotakin muuta kieltä suoritettavassa tiedostossa ei saa olla.

Otetaan vähän laajempi, JavaScript-taulukoita hyödyntävä esimerkki, ja kirjoitetaan seuraava ohjelma tiedostoon *02-js-array-consoleapp.js*:

```
// Usage:  node 02-js-array-consoleapp.js
const message = ""
const words = ["looping", "array", "is", "simple", "at", "node"]

console.log(words.join(" "))
```

26

```
const sentence = words.reduce((result, word, ind) => {
        console.log(ind + ":" + word)
        return result + word
    }
)

const sum = [1, 2, 3, 4, 5].reduce((total, num, ind) => {
        console.log(ind + ":" + num + "=" + total)
        return total + num
    },
    0)

console.log(sentence)
console.log(sum)
```

Ohjelma tulostaa konsolille suorittamisen jälkeen:

```
$ node 02-js-array-consoleapp.js
looping array is simple at node
1:array
2:is
3:simple
4:at
5:node
0:1=0
1:2=1
2:3=3
3:4=6
4:5=10
loopingarrayissimpleatnode
15
```

HTTP-palvelin

Siirrytään saman tien palvelinohjelmointiin, koska siihen riittää hyvin pieni koodimäärä. Toteutetaan seuraavana esimerkkinä Nodella sovellus, joka luo HTTP-palvelimen käyttäen *http*-moduulin *createServer()*-metodia. Siinä luodaan callback-metodi *request*-tapahtumalle, joka välitetään ensimmäisenä argumenttina *createServer()*-metodille.

```
// Usage: node 01-web-server.js
// Web server

const http = require('http')

http.createServer((req, res) => {
    res.writeHead(200, {'Content-Type': 'text/plain'})
    res.write('Hello NodeJs World\n')
    res.end()
}).listen(8888, '127.0.0.1')

console.log('Server running at http://127.0.0.1:8888/')
```

Ohjelma tulostaa:

```
$ node 01-web-server.js
Server running at http://127.0.0.1:8888/
```

Ohjelma odottaa asiakkaan pyyntöä HTTP-portissa 8888 paikallisella koneella (*localhost*, *127.0.0.1*) ja palauttaa asiakkaalle tekstiä sisältävän viestin.

HTTP-palvelin ja HTML-palautus

Kehitetään edellistä esimerkkiä siten, että toteutetaan edelleen HTTP-pyyntöä odottamaan jäävä palvelin, joka tällä kertaa palauttaa HTML-sisällön takaisin

28

selaimelle. Palvelimen tulee palauttaa HTTP-statuskoodi *200* (*OK*) sekä HTTP-otsikkokenttä (*HTTP Header*), joka sisältää *Content-Type*-kentän arvona tietotyypin, joka palautetaan asiakkaalle. Tässä esimerkissä MIME-tyyppi *text/html* kertoo, että palvelin palauttaa HTML-koodia kutsuvalle asiakkaalle.

```
// Usage: node 01-web-server-v2.js

const http = require('http')

const server = http.createServer(function (req, res) {
    res.writeHead(200, {'Content-Type': 'text/html'})
    res.write('<h1>Hello NodeJs World</h1>\n')
    res.end()
})

// server listening at port 8888
server.listen(8888, '127.0.0.1')

console.log('Server running at http://127.0.0.1:8888/')
```

Hello NodeJs World

Kuva: HTML-palautus näkyy selaimessa.

Komentoriviargumentit

Nodessa skriptille voi antaa argumentteja myös komentoriviltä. Nämä argumentit luetaan **process.argv**[]-taulukossa, jonka ensimmäinen varsinainen komentoriviargumentti on listan kolmas alkio (**process.argv[2]**). Skriptissä käytetään myös **process.exit**()-metodia, joka pysäyttää koko ohjelman suoritukseen ja palauttaa

29

arvon ohjelman kutsujalle.

```
// Usage:   node 03-cmd-line-arguments.js 10

if (process.argv.length <= 2) {
    console.log("Usage: " + __filename + " SIZE_OF_ARRAY")
    process.exit(-1)
}


console.log(process.argv);

let param = process.argv[2]
param = (param < 0 || param > 100) ? 100 : param

console.log('Param: ' + param)

const createArray = (last) => {
    let result = []

    for (let i = 0; i <= last; i++) {
        result.push(getRandomInt(1, 100))
    }
    return result
}


const getRandomInt = (min, max) => {
    return Math.floor(Math.random() * (max - min)) + min
}

const arr = createArray(param)
console.log('Generated Array: ' + arr)
```

Ohjelma tulostaa:

```
$ node 03-cmd-line-arguments.js 15
Param: 15
Generated Array: 64,60,79,30,13,78,21,51,98,82,79,71,23,63,13,65
```

Jos komentoriviltä ei anneta yhtään argumenttia, suoritus katkeaa virheilmoitukseen:

```
$ node 03-cmd-line-arguments.js
Usage: $path/03-cmd-line-arguments.js SIZE_OF_ARRAY
```

Kaikki argumentit, jotka ovat **process.argv**-taulukossa, ovat seuraavat: kutsuttavan ohjelman koko polku, skriptin polku sekä sen jälkeen lista annetuista argumenteista, jotka ovat toisestaan välilyönnein erotettuja. Seuraavassa esimerkkiajon kaikki argumentit, jotka node-ohjelma näkee:

```
[
  '/usr/bin/node',
  '/home/juha/nodeJsMateriaaleja/esimerkkeja/node/node_esimerkit/03-
cmd-line-arguments.js',
  '15'
]
```

Callback-funktiot

Callback yksi keskeisimpiä käsitteitä ymmärtää Node-sovellusten kehittämiseksi.

- Nodessa c**allback-funktiot** ovat yleensä funktioita, jotka suoritetaan asynkronisesti tai myöhemmin

- Lähes kaikki Node-sovellukset käyttävät callback-funktioita, jotka ovat natiivisti osa JavaScript-kieltä

callback-funktiot ovat käsite, jossa funktiolausekkeen voi antaa toiselle funktiolle parametrina. Tällöin parametrina annettua funktiota voi kutsua funktion suorituksen

31

aikana ja täten palauttaa halutunlainen tulos tai kutsua haluttua käsittelijäfunktiota. callback funktioita käytetään erityisen runsaasti erilaisissa tapahtumankäsittelijöissä.

Otetaan esimerkki callback-funktiosta määrittelemällä *makeFood*()-funktio, joka ottaa kaksi parametria kelpuuttavan *callback*()-funktion kolmantena parametrina.

```
function makeFood(param1, param2, callback) {
    return callback(param1, param2);
}
```

Pääfunktion kutsuman callback-funktion voi asettaa funktiolausekkeen avulla joko sijoittamalla funktio muuttujaan tai antamalla anonyymi funktio sellaisenaan kolmantena parametrina:

```
var func = function(p1, p2) {
    return 'spaghetti with ' + p1 + " and " + p2;
};

var food = makeFood('ham', 'cheese', func);

var food2 = makeFood('bacon', 'salami', function(p1, p2) {
    return 'Pizza with ' + p1 + ' or ' + p2;
});

console.log(food);
console.log(food2);
```

Tulostaa tiedot määriteltyjen **callback**-funktioiden avulla:

```
spaghetti with ham and cheese
Pizza with bacon or salami
```

Anonyymit funktiot

JavaScriptissä voi käyttää funktioita samaan tapaan kuin normaaleja muuttujia JavaScript-koodissa. Funktion voi esimerkiksi välittää toiselle funktiolle argumenttina. **Anonyymi funktio** on funktio, mutta sillä ei ole nimeä.

Otetaan esimerkki, jossa *myFunctionWithCallback*-funktion kolmas argumentti on funktio.

```
// use: 03-callback-function.js
function myFunctionWithCallback(param1, param2, callback) {
    console.log(
        'Started function with two parameter: ' + param1 + ', ' +
param2)
    return callback(param1, param2)
}
```

Seuraavassa vaiheessa välitetään kolmantena funktion argumenttina anonyymi funktio, joka ottaa syötteenään kaksi argumenttia.

```
const result = myFunctionWithCallback('ham', 'cheese', function (p1,
p2) {
    console.log('callback with parameters ' + p1 + ', ' + p2)
    return 'Pizza with: ' + p1 + ', ' + p2
})


console.log(result)
```

Ohjelma tulostaa suorittamisen jälkeen:

```
Started function with two parameter: ham, cheese
callback with parameters ham, cheese
Pizza with: ham, cheese
```

Lambdat

Lambdat on yksi käyttökelpoisimpia uudistuksia ES6-versiossa. Se on tapa merkitä anonyymi funktio "tiiviimmällä" syntaksilla. Tapa vähentää koodin luettavuutta syövien kaarisulkujen käyttöä merkittävästi, joten se on erittäin suositeltava kirjoitettaessa uutta JavaScript-koodia.

Esimerkkejä lambda-lausekkeiden kirjoittamisesta:

Lambda-lauseessa parametrit määritellään suluissa ja suoritettava funktio on nuolioperaation (=>) takana. Toiminnallisesti se vastaa täysin anonyymiä funktiota, mutta lambda-lauseke on koodin luettavuuden kannalta usein parempi ratkaisu:

```
let r1 = x => { return x * x }
let r2 = (x,y) => { return x / y }
console.log(r1(10)) // 100
console.log(r2(100, 5)) // 20

let arr1 = [1, 2, 3, 4, 5].map(function (n) {
   return n * n;
});
```

Taulukon muuntaminen toteutetaan **map**-funktiolla, jolle syötetään anonyymi funktio lambda-lausekkeena, mikä on helpompaa kirjoittaa sekä myös ylläpitää:

```
let arr2 = [1, 2, 3, 4, 5].map(n => n * n);
console.log(arr2)
```

Muuttujat *arr1* että *arr2* ovat nyt arvoltaan:

```
[ 1, 4, 9, 16, 25 ]
```

Lambda ja nuolifunktio

Lambdan avulla voidaan aiemmin esitetty anonyymi funktio kirjoittaa muodossa:

```
// use:_ 03-callback-function-v2.js
function myFunctionWithCallback(param1, param2, callback) {
    return callback(param1, param2)
}


const myFunc = (p1, p2) => 'Pizza with: ' + p1 + ', ' + p2
const result = myFunctionWithCallback('ham', 'cheese', myFunc)


console.log(result)
```

Ohjelma tulostaa:

```
$ node 03-callback-function-v2.js
Pizza with: ham, cheese
```

Lambda-syntaksia voi käyttää myös *myFunctionWithCallback*()-funktion toteuttamisessa:

```
// use: 03-callback-function-v3.js
const myFunctionWithCallback = (param1, param2, callback) =>
      callback(param1, param2)


const myFunc = (p1, p2) => 'Pizza with: ' + p1 + ', ' + p2
const result = myFunctionWithCallback('ham', 'cheese', myFunc)


console.log(result)
```

Asynkroniset funktiot

Asynkronisille funktiolla tarkoitetaan sellaista funktiota, jota ei suoriteta heti, vaan tulokset saadaan joskus "lähiaikoina". Ohjelman ei tarvitse kuitenkaan jäädä odottamaan asynkronisen funktion tulosten valmistumista, vaan se jatkaa suorittamaan muita lauseita.

Asynkronisia funktioita käytettäessä on tärkeää saada tieto siitä, milloin funktion suoritus on valmis. Tyypillisesti asynkronisia funktioita käytetään tiedostojen tai tietokantojen lukemisessa tai muunlaisen datan lataamisessa sovellukseen.

Otetaan esimerkki asynkronisesta metodista, jossa aiheutetaan *setTimeout()*-funktiolla viivettä funktion suorittamiseen. Tällöin funktiot eivät palauta tuloksia alkuperäisessä kutsujärjestyksessä, vaan sen mukaan, koska suoritus valmistuu.

```
//usage: node 03-simple-async.js
const print = str => {
    setTimeout(function () {
        console.log(str)
    }, 100) // set timeout for 100 ms
}

const print2 = str => {
    setTimeout(function () {
        console.log(str)
    }, 30)
    print("Calling print from print2")
}

function execute(callbackFunc, str) {
    callbackFunc(str)
}
```

```
execute(print, "Hello using callback function print")
execute(print2, "Hello using another callback function print2")
console.log("Last code line")
```

Tulostus, josta kannattaa huomioida lauseiden tulostusjärjestys:

```
Last code line
Hello using another callback function print2
Hello using callback function print
Calling print from print2
```

Nodella ajettavassa esimerkissä simuloidaan asynkronista suorittamista callback-metodien avulla. Se vastaa suoritettavaa I/O-funktiota, sillä suoritukseen on lisätty odotusaika, joka odotetaan, ennen kuin tehtävät ovat valmiita. Todellisessa web-sovelluksessa ei voi tarkalleen tietää, kuinka kauan esimerkiksi JSON-datan parsiminen kestää, mutta esimerkki kuvaa hyvin asynkronisen suorittamisen periaatteita.

Tiedostojen käsittely

fs on standardi **tiedostojärjestelmä** (*file system*) moduuli Nodelle. Se tarjoaa yksinkertaiset kääreluokat standardeille tiedosto-operaatioille.

- **fs.readFileSync**() lukee tiedostoja synkronisesti

- **fs.readFile**() lukee tiedostoja asynkronisesti

- **fs.watch**() tarkkailee tiedostojen muutoksia

- **fs.exists**() tarkastaa, että onko tiedostoa olemassa

- **fs.open**() avaa tiedoston

- **fs.stat**() palauttaa tiedoston attribuutit

- **fs.read**() lukee osan dataa tiedostosta

- **fs.writeFile**() kirjoittaa tiedostoon

- **fs.close**() sulkee tiedoston

Esimerkki:Tiedoston lukeminen

Toteutetaan esimerkki, jolle annetaan komentoriviargumenttina tiedoston nimi.
fs.readFile()-funktio ottaa toisena parametrina callback-funktion, jota kutsutaan, kun
tiedoston lukeminen on valmis.

```
// Usage:  node 04-file-read-callbacks.js FILENAME

if (process.argv.length <= 2) {
    console.log("Usage: " + __filename + " FILE_TO_READ")
    process.exit(-1)
}
const filename = process.argv[2]

const fs = require('fs')
let data = undefined

fs.readFile(filename, (err, fileContents) => {
    data = fileContents
    console.log(data.toString())
})

console.log("End of file:" + data) // logs out undefined because line
gets run before async file reading in readFile has been done

console.log("End of file:" + data)
```

fs.readFile() on asynkroninen funktio, jonka tarkoitus on lukea tiedosto. Luettu
tiedosto käsitellään toisena argumenttina annetulla callback-funktiolla. Jos
lukemisessa havaitaan virheitä, niin palautetaan *err*-olio. Vastaavasti toinen argumentti

sisältää luetun tiedoston sisällön. *readFile()*-funktio välittää nämä molemmat argumentit funktiolle, kun tiedoston lukeminen on saatu tehtyä.

Ohjelma tulostaa annetun tekstitiedoston sisällön **fs.readFile**()-funktion toisena argumenttina annetun lambda-funktion avulla välittömästi, kun tiedoston sisältö on luettu.

```
$ node 04-fileread-callbacks.js 00-hello-world.js
End of file:undefined
//Usage: node 00-hello-world.js
console.log("Hello World")
```

Ohjelma tarkastaa myös, että tiedosto annetaan komentoriviparametrina antaen siitä huomautuksen hallitusti:

```
$ node 04-fileread-callbacks.js
Usage:
/home/juha/tmp/nodeJsMateriaaleja/esimerkkeja/node/node_esimerkit/04-
fileread-callbacks.js FILE_TO_READ
```

Esimerkki: Synkroninen tiedoston lukeminen

Synkroninen versio tiedoston lukemisesta on funktio nimeltään **fs.readFileSync**.

Seuraavassa esimerkissä sekoitetaan asynkroninen tiedoston lukeminen ja synkroninen tiedoston lukeminen. Katso tarkasti koodiesimerkkiä, jotta saat kuvan, missä järjestyksessä koodi suoritetaan. Asynkroninen tiedoston lukeminen on määritetty ennen synkronisia lukemisfunktioita.

```
// Usage:  node 04-file-read.js FILENAME

if (process.argv.length <= 2) {
    console.log("Usage: " + __filename + " FILE_TO_READ")
    process.exit(-1)
```

```
}
const filename = process.argv[2]

const fs = require('fs')

// asynchronous file reading
fs.readFile(filename, (err, buf) => {
    console.log("async file reading....\n" + buf.toString())
})

// synchronous file reading
const contents = fs.readFileSync(filename).toString()
console.log("synchronous file reading....\n" + contents)

const contents2 = fs.readFileSync(filename).toString()
console.log("synchronous file reading....\n" + contents2)
```

Asynkroninen tiedoston lukeminen on määritetty ohjelmassa ennen synkronisia lukemisfunktioita, mutta ohjelman suorituksessa molemmat synkroniset funktiot suoritetaan ennen asynkronista funktiota. Synkroninen lukeminen odottaa tuloksen valmistumista, kun vastaavasti asynkroninen lukemisfunktio tulostaa callback-funktioiden avulla sisällön vasta silloin, kun lukeminen on saatu valmiiksi.

Ohjelma tulostaa:

```
$ node 04-file-read.js 00-hello-world.js
synchronous file reading....
//Usage: node 00-hello-world.js
console.log("Hello World")

synchronous file reading....
//Usage: node 00-hello-world.js
console.log("Hello World")
```

```
async file reading....
//Usage: node 00-hello-world.js
console.log("Hello World")
```

Asynkroninen tiedoston lukeminen

Seuraavassa esimerkissä käytetään **path.join**()- funktiota yhdistämään suhteellinen
hakemistopolku tiedoston nimeen.

```
// Usage:  node 04-asyncFileReadRelativePath_v2.js RELATIVE_PATH
FILENAME

// Read file from relative path given as a first parameter.

const fs = require("fs")
const path = require('path')

if (process.argv.length <= 3) {
    console.log("Usage: " + __filename + " RELATIVE_PATH FILENAME")
    process.exit(-1)
}

const directory = process.argv[2]
const filename = process.argv[3]

// Using callback to read function (error-first callback)
const pathname = path.join(__dirname, directory, filename)
console.log("Full pathname: " + pathname)

fs.readFile(pathname, (err, data) => {
    if (err) {
```

```
        if (err.fileNotFound) {
            return this.sendErrorMessage('File Does not Exist')
        } else
            console.error(err)


    } else {
        console.log(data)
        console.log(data.toString())
    }
})


console.log("The last line in the program")
```

Ohjelma tulostaa:

```
$ node 04-asyncFileReadRelativePath_v2.js ../node_esimerkit 00-hello-
world.js
Full pathname:
/home/juha/tmp/nodeJsMateriaaleja/esimerkkeja/node/node_esimerkit/00-
hello-world.js
Program Ended
<Buffer 2f 2f 55 73 61 67 65 3a 20 6e 6f 64 65 20 30 30 2d 68 65 6c 6c
6f 2d 77 6f 72 6c 64 2e 6a 73 0a 63 6f 6e 73 6f 6c 65 2e 6c 6f 67 28
22 48 65 6c 6c 6f ... 10 more bytes>
//Usage: node 00-hello-world.js
console.log("Hello World")
```

Hakemiston lukeminen

Otetaan esimerkki, jossa luetaan nykyisen hakemiston kaikki tiedostot ja tulostetaan tiedostojen sisällöt.

```javascript
// usage: 04-ReadDirectories_v1.js
const fs = require('fs')

/* Reads all files from the current directory and
outputs the content of the files in the current directory */

const path = require('path')
const directory = "."

const pathname = path.join(__dirname, directory)

fs.readdir(pathname, (err, files) => {
    let results = []
    let counter = files.length

    files.forEach((filename) => {
        const fullPath = path.join(pathname, filename)
        fs.readFile(fullPath, (err, data) => {
            console.log(fullPath)
            results.push({'filename': fullPath, 'data': data})
            counter--
            if (counter <= 0) {
                console.log("All files in the directory has now been
read.")
                printFiles(results)
            }
        })
    })
})

const printFiles = (results) => {
    let i = 0
```

```
        console.log("JSON " + JSON.stringify(results))
        results.forEach((r) => {
            i++
            console.log(i + ": " + r.filename + " " + r.data)
        })
}
```

Hakemiston ominaisuuksien lukeminen

Otetaan esimerkkiohjelma, jossa ohjelmalle syötetään lista hakemistopolkuja ja käydään läpi kaikki tiedostot näissä hakemistoissa. Esimerkissä funktio **fs.lstatSync()** hakee tiedoston ominaisuudet, jonka jälkeen *isDirectory*()-funktiolla saa tietää, että onko kyseessä hakemisto, ja vastaavasti *isFile*()-funktiolla saa selville, että kyseessä on tavallinen tiedosto.

```
// usage: 04-ReadDirectoriesSub_v2.js

const fs = require('fs')
const path = require('path')


// Loops through the file list of all directories given as a array
const listDirectories = (pathArr, next) => {
    let counter = pathArr.length
    let dirData = []
    pathArr.forEach((directory) => {
        const fullPathname = path.join(__dirname, directory)
        listDirectory(fullPathname, (results) => {
            dirData.push(results)
            counter--
            if (counter <= 0) {
                console.log("dirData" + dirData)
                next(dirData)
```

```
            }
        })
    })
}


// Returns directory File list
const listDirectory = (directory, next) => {
    fs.readdir(directory, (err, files) => {
        let counter = files.length
        let results = []
        files.forEach((filename) => {
            const fullPath = path.join(directory, filename)
            fs.readFile(fullPath, (err, data) => {
                console.log(fullPath)
                results.push({'filename': fullPath, 'data': data})
                counter--
                if (counter <= 0) {
                    next(results)
                }
            })
        })
    })
}

const printDirectories = (results) => {
    let i = 0
    results.forEach((curDir) => {
        curDir.forEach((f) => {
            i++
            const fname = fs.lstatSync(f.filename)
            if (fname.isFile())
```

```
            console.log(
                i + ": " + JSON.stringify(f.filename) + " : " +
"file")
            else if (fname.isDirectory())
                console.log(i + ": " + JSON.stringify(
                    f.filename) + " : " + "directory")
        })
    })
}

listDirectories(['..', '.', 'files', '../../../..'], (data) => {
    printDirectories(data)
})
```

Ohjelma tulostaa:

```
1: "C:\\Users\\jpelt\\kirjat\\nodeJs-kirja\\esimerkkeja\\node_esim\\
files\\testfile.txt" : file
2: "C:\\Users\\jpelt\\kirjat\\nodeJs-kirja\\esimerkkeja\\node_esim\\
01-web-server.js" : file
3: "C:\\Users\\jpelt\\kirjat\\nodeJs-kirja\\esimerkkeja\\node_esim\\
01-web-server-v2.js" : file
4: "C:\\Users\\jpelt\\kirjat\\nodeJs-kirja\\esimerkkeja\\node_esim\\
00-hello-world.js" : file
::: :::
52: "C:\\Users\\jpelt\\kirjat\\nodeJs-kirja\\esimerkkeja\\
express_esim" : directory
53: "C:\\Users\\jpelt\\kirjat\\nodeJs-kirja\\esimerkkeja\\node_esim" :
directory
54: "C:\\Users\\jpelt\\kirjat\\nodeJs-kirja\\esimerkkeja\\
node_esim_backup" : directory
```

Käyttöjärjestelmän komentojen suorittaminen

Node.js suorittaa päätapahtumasilmukkansa (*main event loop*) yhdessä säikeessä. Tämä ei kuitenkaan tarkoita, että koko prosessointi tapahtuu samassa säikeessä, vaan asynkroniset tehtävät suoritetaan omissa sisäisissä säikeissä. Kun nämä sisäiset säikeet on saatu suoritettua loppuun, niin callback-funktion palauttama arvo tai virhe palautetaan takaisin pääsäikeeseen.

Nämä eri säikeet ajetaan kuitenkin samassa Node.js-prosessissa. Toisinaan on kuitenkin toivottavaa luoda kokonaan uusi prosessi koodin suorittamiseksi. Kun uusi prosessi luodaan, käyttöjärjestelmä määrittelee, mitä prosessoria se käyttää ja kuinka tehtävät ajastetaan.

Nodessa tähän voi käyttää **child_process**-moduulia, joka luo uusia lapsiprosesseja Noden pääprosessista. Tämän jälkeen näillä aliprosesseilla voi suorittaa esimerkiksi käyttöjärjestelmätason shell-komentoja, josta ajojen tulokset voi palauttaa Node-ohjelman käyttöön.

Nodea voi käyttää suorittamaan mitä tahansa käyttöjärjestelmäkomentoa tai muita skriptejä käyttöjärjestelmän komentotulkin tukemaa syntaksia käyttäen. Tällä tavoin voi kirjoittaa esimerkiksi ajastettuja skriptejä web-palvelimen ylläpidon käyttöön.

Esimerkki: käyttöjärjestelmäkomentojen suorittaminen

Otetaan esimerkki, jossa suoritetaan järjestelmäkomentoja, joilla haetaan .*js*-loppuisia tiedostoja sekä tulostetaan löydettyjen tiedostojen sisältö. Toisessa vaiheessa tulostetaan kaikki järjestelmän käyttäjän ajaman ohjelmat *ps*-komennolla. Ohjelmien suorittamiseen käytetään **child_process**-moduulin **exec**()-metodia. Ohjelma on testattu ja toimii sellaisenaan vain *Linux-komentotulkissa*.

exec() -komento luo uuden shell-komentotulkin ja suorittaa siinä annetun komennon. Suorituksen tulostus on kokonaan puskuroitu, mikä tarkoittaa muistiin tallentamista, ja sitä voi käsitellä argumenttina annetulla callback-funktiolla. Suoritettavan komennon lisäksi välitetään **callback**-funktio, jolle tulee kolme parametria: *error, stdout, stderr*. Näistä *error* sisältää virheen, jos komentoa ei löydetä, ja vastaavasti *stderr*-virheen on tultava suoritettavalta komennolta.

```
//usage: 04-system-commands.js

const exec = require("child_process").exec

console.log("Executing system command with NodeJS.")

// system command for finding all .js files
exec("find . -name '*.js'",
    function (error, stdout, stderr) {
        if (error) {
            console.log("error: " + error)
            console.log("stderr:" + stderr)
        }
        console.log(stdout)
    }
)

require("child_process").exec("ps",
    function (error, stdout, stderr) {
        if (error) {
            console.log("error: " + error)
            console.log("stderr:" + stderr)
        }
        console.log(stdout)
    }
)

exec("dirr",
    function (error, stdout, stderr) {
        if (error) {
```

```
            console.log("error: " + error)
            console.log("stderr:" + stderr)
        }
        console.log(stdout)
    }
)
```

Ohjelman viimeinen komento (dirr) on virheellinen eli sitä löydy Linux-komentotulkista, joten tästä saadaan komentotulkin suorituksen jälkeen virhe. Seuraavassa on esimerkkiohjelman antama tulostus kokonaisuudessaan:

```
$ node 04-system-command.js
Executing system command with NodeJS.
error: Error: Command failed: dirr
/bin/sh: 1: dirr: not found

stderr:/bin/sh: 1: dirr: not found

./05-event-emitting.js
./01-web-server.js
./01-web-server-v2.js
./06-socket-server.js
./03-simple-async.js
./02-js-array-consoleapp.js
jne.

    PID TTY          TIME CMD
   3445 pts/1     00:00:00 node
   3452 pts/1     00:00:00 sh <defunct>
   3454 pts/1     00:00:00 sh
   3455 pts/1     00:00:00 ps
  17177 pts/1     00:00:02 bash
```

Noden tapahtumasilmukka

Noden päätapahtumasilmukka (*main event loop*) on yksisäikeinen, mutta Node tukee rinnakkaisuutta (*concurrency*) tapahtumien ja asynkronisten metodien avulla.

- Tavanomaiset Node APIt ovat asynkronisia, mikä mahdollistaa niiden rinnakkaisen suorittamisen.

- Noden pääsäie sisältää tapahtumasilmukan ja silloin kun asynkroninen tehtävä on suoritettu loppuun, se laukaisee tapahtuman, joka signaloi tapahtumankuuntelijalle, että vastauksen käsittelyä voi jatkaa.

- Node käyttää tapahtumia laajasti, mikä on yksi syy Noden suoritusaikaiseen tehokkuuteen.

Esimerkiksi, jos Node käynnistää palvelimen, se alustaa muuttujat, määrittelee ja lataa funktiot, jonka jälkeen se jää odottamaan tapahtumia päätapahtumasilmukassaan. Vasta tapahtumiin eli asiakkaalta tuleviin pyyntöihin vastataan suorittamalla määritetyt funktiot ja palauttamalla lopputulokset takaisin asiakkaalle.

Yksisäikeinen arkkitehtuuri

Jokainen Noden API on **asynkroninen**. Koska Noden tapahtumasilmukka on yksisäikeinen, niin ohjelmat käyttävät asynkronisia funktiokutsuja ylläpitämään rinnakkaista, estämätöntä, suorittamista erityisesti erilaisten I/O-operaatioiden suorittamisessa.

Nodessa voi suorittaa ohjelman sisältäviä funktioita rinnakkain. Nodessa ohjelman ei itsessään tarvitse luoda säikeitä. Käyttöjärjestelmä ja JavaScript-koodia suorittava virtuaalikone ajavat yhdessä I/O-systeemiä rinnakkain. Päätasolla JavaScript-koodi suoritetaan sitten yhdessä säikeessä, kun on aika lähettää tiedot takaisin JavaScript-koodiin asynkronisen callback-metodin suorituksen päätteeksi.

JavaScript-koodia lukuun ottamatta, kaikki operaatiot ajetaan Node-ohjelmassa rinnakkain. Toisin kuin asynkroniset lohkot, JavaScriptin synkroniset lohkot suoritetaan aina yksi kerrallaan. Synkronisessa suorittamisessa koodin suorittamiseen verrattuna vietetään paljon enemmän aikaa odottaessa, että I/O-tapahtumat valmistuvat.

NodeJS-sovellus yksinkertaisesti suorittaa vaaditut funktiot tai callback-funktiot eikä samaan aikaan estä muun koodin suorittamista. Alun perin JavaScriptin tai Noden ei ollut tarkoitus suorittaa CPU-intensiivisiä tehtäviä. Noden perusperiaate toimii kun koodin suoritusaika minimaalinen, niin tällöin sen suoritus on ketterää. Kuitenkin mitä raskaammiksi (ts. hitaammaksi) suorittaminen tulee, sitä hitaammaksi ohjelman suorittaminen tulee.

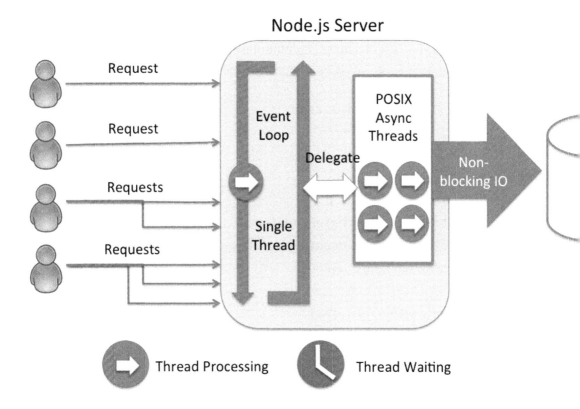

Emitterit

Node on pohjimmiltaan **asynkroninen tapahtumaohjattu arkkitehtuuri** (*event driver architecture*), jossa emitterit lähettävät (*emit*) nimettyjä tapahtumia, joita kuuntelijat kuuntelevat ja tapahtuman saapumisen jälkeen myös käsittelevät.

Esimerkkejä tapahtumista

- **net.Server** lähettää tapahtuman joka kerta, kun siihen otetaan yhteys

- **fs.createReadStream** lähettää tapahtuman, kun tiedosto avataan, suljetaan tai sitä luetaan

Esimerkki: Stream ja emitteri

Otetaan esimerkki tiedoston lukemisesta *stream*-pohjaisesti käyttäen **createReadStream**()-metodia. "*data*"-nimisellä tapahtumalla käsitellään tiedoston lukeminen osissa ja kun kaikki on saatu luettua, niin tulee "*end*"-tapahtuma, jolloin luetun datan voi käsitellä. Tässä esimerkissä lukulaskuri (*counter*) on aina yksi, mutta suurempia tiedostoja luettaessa se on enemmän, koska tiedosto luetaan oikeasti osissa.

```
// Usage: $node 05-file-read-stream.js
const fs = require("fs")
let data = ''
let counter = 0

const fileReadStrean = fs.createReadStream('utf-file.txt');
//const fileReadStrean = fs.createReadStream('eh-eh.txt');   // Error
fileReadStrean.setEncoding('UTF8');

fileReadStrean.on('open', fn => {
    console.log('File opened' + fn);
})

fileReadStrean.on('readable', () => {
    console.log('ready to read');
    this.read();
})

fileReadStrean.on('data', buff => {
```

52

```
        data += buff
        counter += 1
        console.log("Data: " + buff)
})

fileReadStrean.on('end', () => {
        console.log("End:" + data)
        console.log("Counter:" + counter)
})

fileReadStrean.on('error', err => {
        console.log("Error:" + err.stack)
})

console.log("Program Ended");
```

Ohjelma tulostaa:

```
$ node 05-file-read-stream.js
Program Ended
Data: UTF8 text file
Line of text
EOF.
End:UTF8 text file
Line of text
EOF.
Counter:1
```

Jos ohjelmalla yritetään avata tiedostoa, jota ei ole, niin tulee "*error*"-niminen tapahtuma:

```
Error:Error: ENOENT: no such file or directory, open 'eh-eh.txt'
```

Esimerkissä voidaan kuunnella *"open"*-tapahtumaa, jota kutsutaan tiedoston avaamisvaiheessa:

```
fileReadStrean.on('open', fn => {
    console.log('File opened' + fn);
})
```

Esimerkissä voi kuunnella myös *"readable"*-tapahtumaa, joka kertoo, että tiedosto on luettavissa, jonka jälkeen suoritetaan varsinainen tiedoston sisällön lukeminen kuuntelemalla *"data"*-tapahtumaa:

```
fileReadStrean.on('readable', () => {
    console.log('ready to read');
    this.read();
})
```

Emitter-luokka

Alla esimerkki **EventEmitter**-luokan käytöstä. Siinä **EventEmitter**-olio *newEmitter* kuuntelee *event*-nimistä tapahtumaa, joka voi sisältää lisätietoa toisena argumenttina. Tapahtumat luodaan **emit**()-metodilla antamalla tapahtuman nimi sekä sen argumentit:

```
// Usage: $ node 05-own-emitter-server.js

const EventEmitter = require('events');

class MyEmitter extends EventEmitter {
}

const newEmitter = new MyEmitter();

newEmitter.on('event', ev => {
    console.log(ev, this);
```

```
    if (ev === "JavaScript Seminar")
        console.log("JS Seminar in the Web at August!")
    else if (ev === "Node School")
        console.log("You wanna start a Full Node class?")
});


// emitting events
newEmitter.emit('event', 'JavaScript Seminar');
newEmitter.emit('event', 'Node School');
```

Ohjelma tulostaa:

```
JavaScript Seminar MyEmitter {
  _events: [Object: null prototype] { event: [Function] },
  _eventsCount: 1,
  _maxListeners: undefined,
  [Symbol(kCapture)]: false
}
JS Seminar in the Web at August!

Node School MyEmitter {
  _events: [Object: null prototype] { event: [Function] },
  _eventsCount: 1,
  _maxListeners: undefined,
  [Symbol(kCapture)]: false
}
You wanna start a Full Node class?
```

Esimerkki: Noden tapahtumat

Jotta Nodessa jokin olio voi lähettää tapahtuman, sen täytyy olla **EventEmitter**-olio.
Käyttämällä **EventEmitter.on**()-funktiota voi kuunnella nimettyjä tapahtumia, joita

EventEmitter-olio lähettää. Esimerkissä tapahtuman nimi on '*connection*'.

Noden core-luokissa on käytetty runsaasti **EventEmitter** -luokkia kiinnittämään tapahtumia ja toteuttamaan **tapahtumankäsittelijöitä** (*event handlers*), joita kutsutaan useimmiten tapahtuman kuuntelijoiksi (*event listeners*).

```
// Usage: $ node 05-event-emitting-client.js

const EventEmitter = require('events');

class MyEmitter extends EventEmitter {
}

const emitter = new MyEmitter();

emitter.on('connection', () => {
    console.log('connected.')
    // Emitting other events
    emitter.emit('data', 'someData')
    emitter.emit('more_data', 'testData')
})

emitter.on('data', d => {
    setTimeout(function () { // wait 100 ms before running
        console.log('data received: ' + d)
    }, 100)
})

emitter.on('more_data', d => {
    setTimeout(function () { // wait 50 ms before running
        console.log('more data: ' + d)
    }, 50)
```

```
})

emitter.emit('connection') // Fire the connection event

console.log("Program Ended.")
```

EventEmitter voi laukaista **emit**()-funktiolla minkä tahansa nimetyn tapahtuman, jolle voi antaa toisena argumenttina sisällön välittämiseen sopivan optionaalisen argumentin (esimerkissä *data* ja *more_data*). Vastaavasti **EventEmitter.on**()-metodilla voi kuunnella mitä tahansa nimettyä tapahtumaa ja liittää siihen tapahtumankäsittelijän.

```
$ node 05-event-emitting.js
connected.
Program Ended.
more data: testData
data received: someData
```

Asynkroniset funktiot

Useimmat Noden funktiot tukevat asynkronista I/O-kommunikointia. Monet asynkroniset funktiot ottavat callback-funktion viimeisenä argumenttina. Vastaavasti callback-funktio odottaa virhettä ensimmäisenä argumenttinaan (*error first* - paradigma).

```
fs.readFile('myfile.txt', function (err, data) {
    if (err){
        console.log(err.stack);
        return;
    }
    console.log(data.toString());
});
```

Esimerkki: HTTP-asiakas

Luodaan yksinkertainen **HTTP-asiakasohjelma** (*HTTP client program*) Nodella. Esimerkki käyttää JSON-dataa palauttaa demopalvelua, joka siis palauttaa HTTP-kyselyn (**GET**-metodi) tuloksena **JSON**-dataa. HTTP GET-metodi on optimaalinen hakemaan dataa web-palvelimelta.

```
// Usage: 04-http-client-basic.js


let http = require('http');


url="http://echo.jsontest.com/key/value/show/data/format/json/type/
testapp"


http.get(url, function (response) {
    response.setEncoding('utf8');
    response.on('data', function (data) {
        console.log(data);
    });
});
```

Lukeminen tapahtuu kuuntelemalla nimettyä *data*-tapahtumaa, jonka jälkeen saadaan tulostettua palautettu data. Jos dataa olisi tulossa enemmän, ja sitä haluttaisiin jatkossakin, täytyisi se lukea osissa ja tallentaa tapahtumankäsittelyfunktion ulkopuoliseen muuttujaan.

Ohjelma tulostaa haun jälkeen palvelun palauttaman JSON-datan:

```
$ node 04-http-client-basic.js
{
   "show": "data",
   "format": "json",
   "type": "testapp",
   "key": "value"
```

58

```
}
```

Jatketaan edellistä esimerkkiä. Nyt käsitellään myös suurempi datamäärä hallitummin tallentamalla tuleva data *alldata*-muuttujaan, josta sen saa luettua *"end"*-tapahtuman käsittelijässä, johon reagoidaan, kun koko HTTP-pyynnön palauttama data on saatu luettua.

```
// Usage:   node 04-http-client.js
const http = require('http')

const url = "http://echo.jsontest.com/key/value/show/data/format/json/
type/testapp"

http.get(url, (response) => {
    response.setEncoding('utf8')
    response.on('data', function (data) {
        console.log("We have got a HTTP response:\n" + data)
    })
})

http.get(url, (response) => {
    let alldata = ""
    response.on('data', (data) => {
        // Continuously updating stream with the data
        alldata += data
    })
    response.on('end', () => {
        // now all data has been received
        // and we can parse JSON data
        const parsed = JSON.parse(alldata)
        const formatType = {
            format: parsed.format,
```

```
        type  : parsed.type
    }
    console.log("The file type and format:")
    console.log(formatType)
  })
})
```

Vastauksena saadaan:

```
$ node 04-http-client.js
We have got a HTTP response:
{
   "show": "data",
   "format": "json",
   "type": "testapp",
   "key": "value"
}

The file type and format:
{ format: 'json', type: 'testapp' }
```

worker_threads-moduuli

Node.js v10.5.0 julkaistiin kesäkuussa 2018, ja se esitteli **worker_threads**-moduulin. Tällöin Noden core-pakettiin mukaan tulleella **worker_threads**-moduulilla tehtävä **worker**-säikeen luonti on huomattavasti prosessin luomista kevyempää, joka voi käyttää resursseja (kuten muistia) enemmän kuin on tarvetta. Tässä tapauksessa voi luoda **worker**-säikeen säiealtaasta (*pool of workers*), josta uusi säie saadaan kevyemmin ja nopeammin käyttöön.

Monisäikeisyyden toteuttaminen on yksinkertaistettu **worker_threads**-moduulilla. Se helpottaa samanaikaisuuden toteuttamista JavaScriptin ajoympäristössä. Moduuli mahdollistaa täysin toimivien monisäikeisten Node-sovellusten luomisen.

Teknisesti **worker_threads**-säie on jokin koodi, joka on luotu erilliseen säikeeseen. **worker_threads**-säikeiden käytön aloittaminen edellyttää, että luokkaan tuodaan import-lauseella **worker_threads**-moduuli. Tämän jälkeen on luotava **Worker**-luokka uuden *worker*-säikeen luomista varten.

Kun ohjelmassa luodaa **Worker**-luokan ilmentymää, sille on annettava kaksi argumenttia:

- Ensimmäinen argumentti tarjoaa polun tiedostoon, jolla on *.js*- tai *.mjs*-tarkenne. Tiedosto sisältää *worker*-säikeen koodin.

- Toinen argumentti tarjoaa olion, joka sisältää *workerData*-ominaisuuden. Se sisältää datan, jotka **worker**-säie käyttää sen suorituksen alkaessa

Worker-säikeet pystyvät lähettämään useampia kuin yhden viestitapahtuman. Toteutuksssa voi käyttää callback-funktioita tai tehdä asynkroninen toteutusta palauttamalla **Promise**-olioita.

Viestintä **worker**-säikeiden välillä on tapahtumapohjaista. Kuuntelijoita kutsutaan heti, kun **worker**-säie lähettää tapahtuman.

Kolme yleisintä tapahtumaa *worker*-säikeessä ovat:

```
worker.on('error', (error) => {});
```

error-tapahtuma suoritetaan, jos **worker**-säikeessä on jokin käsittelemätön poikkeus. Tämän jälkeen **worker**-säie lopetetaan ja virhe palautetaan ensimmäisenä argumenttina tuodulle callback-funktiolle.

```
worker.on('exit', (exitCode) => {})
```

exit-tapahtuma suoritetaan, jos **worker**-säie lopetetaan. Säikeestä voi palauttaa *exitCode*-koodin, jos metodia **process.exit**() on kutsuttu **worker**-säikeen sisällä. Normaalitilanteessa koodi on 1, jos **worker.terminate**() lopettaa **worker**-säikeen suorituksen, kuten normaalitilanteessa käy.

```
worker.on('message', (data) => {});
```

message-tapahtuma suoritetaan, jos worker-säie lähettää dataa sen luoneelle vanhemmalleen (*parent thread*).

Esimerkki worker_threads-moduulin käytöstö

Tehdään ohjelma, jossa ajetaan asynkronisen *run*()-funktiota, joka kutsuu **Promise**-olion palauttavan *runAsyncService*-funktion avulla *worker*-säieluokkaa. Kun säie on ajettu, niin **Promise**-olion menee **resolve**-tilaan palauttaen *worker*-säikeeltä tulevan viestin (*message*).

```
// node --experimental-worker app-worker-demo.js on Node.js 10.x
const {Worker} = require('worker_threads')

function runAsyncService(workerData) {
    return new Promise((resolve, reject) => {
        const worker = new Worker('./counterService.js', {workerData})
        worker.on('message', resolve)
        worker.on('error', reject)
        worker.on('exit', code => {
            if (code !== 0)
                reject(new Error(`Worker stopped with exit code $
{code}`))
        })
    })
}

async function run(fileName) {
    const result = await runAsyncService(fileName)
    console.log(result)
```

```
}

run('worker1.txt').catch(
    err => console.error(err)
)

run('worker2.txt').catch(
    err => console.error(err)
)

run('worker3.txt').catch(
    err => console.error(err)
)
```

Esimerkissä **worker**-säie toteutetaan *counterService.js*-tiedostossa, jonne tiedoston ulkopuolelta tuotava data saadaan *workerData*-oliossa. Ohjelma ei varsinaisesti tee mitään, mutta varsinainen CPU-intensiivinen laskenta ja myös kauemmin aikaa vievän synkronisen suorittamisen voi toteuttaa tässä tiedostossa blokkaamatta muita **worker**-säikeitä. Tulos palautetaan **postMessage**()-metodilla JSON-formaatissa **worker**-säikeen vanhemmalle:

```
const {workerData, parentPort} = require('worker_threads')

// You can do any heavy stuff here, in a synchronous way
// without blocking the "main thread"

console.log('Writing content on file :' + workerData);
parentPort.postMessage({fileName: workerData, status: 'Done'})
```

Ohjelma tulostaa ajettaessa se Noden **–experimental-worker**-optiolla ja se toimii **Node.js 10.x** -versiosta eteenpäin ilman ulkopuolisen moduulin asentamista:

```
node --experimental-worker app-worker-demo.js
Writing content on file :worker1.txt
{ fileName: 'worker1.txt', status: 'Done' }
Writing content on file :worker3.txt
{ fileName: 'worker3.txt', status: 'Done' }
Writing content on file :worker2.txt
{ fileName: 'worker2.txt', status: 'Done' }
```

Soketit

Otetaan esimerkki soketti-asiakas- ja palvelinohjelmasta. **Soketti** (*socket*) vaatii aina asiakkaan ja palvelimen. Asiakkaan on tiedettävä sen koneen **IP-osoite**, jolla sokettipalvelin on käynnissä. Tämän lisäksi asiakkaan on tiedettävä myös TCP-porttinumero (*TCP port number*), jota palvelinohjelmisto kuuntelee. Jos yhteyspyyntö hyväksytään, soketti luodaan onnistuneesti ja asiakas voi käyttää kaksisuuntaista sokettiyhteyttä kommunikoimaan palvelimen kanssa.

Määritelmän mukaisesti soketti on yksi päätepiste kaksisuuntaiselle tietoliikenneyhteydelle TCP/IP-verkossa toimivien kahden ohjelman välillä. Soketti sidotaan aina TCP-porttinumeroon, josta sovelluksen voi tunnistaa. Päätepiste on yhdistelmä IP-osoitetta ja TCP-porttinumeroa. Jokaisen TCP-yhteyden voi tunnistaa yksilöllisesti kahden päätepisteen tietojen perusteella.

Sokettipalvelin

Luodaan esimerkki, jossa luodaan TCP-**sokettipalvelin** (*TCP socket server*) TCP-porttiin 7200. Palvelin luodaan **net.createServer**()-metodilla, jolla saadaan käsiteltyä *connection*-tapahtuma. Vastaavasti *data*-tapahtuma esiintyy, kun asiakasohjelma lähettää dataa sokettipalvelimelle. Kun asiakkaan lähettämä data on luettu kokonaisuudessaan, *close*-tapahtumankäsittelijää kutsutaan automaattisesti.

```
// usage: node 06-socket-server.js
const net = require('net')
```

```
const HOST = '127.0.0.1'
const PORT = 7200


// Create a server instance
// callback function given to net.createServer() becomes the event
handler for the 'connection' event
net.createServer(function (sock) {
    console.log(
        'OPEN Connection to: ' + sock.remoteAddress + ':' +
sock.remotePort)
    // 'data' event occurs when the client sent data to this server
socket
    sock.on('data', function (data) {
        console.log(
            'DATA from ' + sock.remoteAddress + ' ' + sock.remotePort
+ ': ' + data)
        sock.write('Data sent from the client was "' + data + '"')

    })
    sock.on('close', function (data) {
        console.log('CLOSED: ' + sock.remoteAddress + ' ' +
sock.remotePort)
    })

}).listen(PORT, HOST)

console.log('Server listening on ' + HOST + ':' + PORT)
```

Sokettiasiakas

Luodaan **sokettiasiakasohjelma** (*socket client*), jolla lähetetään dataa sokettipalvelimelle. Tällöin on varmistettava, että ajetaan ensin sokettipalvelinta, joka kuuntelee siihen yhteyttä ottavia asiakkaita TCP-portissa 7200 paikallisella koneella (*localhost*).

```
// usage: node 06-socket-client.js
const net = require('net')


const HOST = '127.0.0.1'
const PORT = 7200


const client = new net.Socket()
client.connect(PORT, HOST, function () {
    console.log('CONNECTED: ', HOST)
    console.log('Connection opened to: ' + HOST + ':' + PORT)
    client.write("Hey! I'm your client!")
    //client.write("Another information!")
})


// 'data' event happens when the server sent data to this client
socket
client.on('data', function (data) {
    console.log('DATA: ' + data)
    client.destroy() // Close the client socket
})


client.on('close', function () {
    console.log('Connection closed')
})


client.on('error', function (ex) {
    console.log("ERROR")
    console.log(ex)
```

```
})
```

Esitetään ohjelman antamat tulostukset palvelimelta. Huomaa, että sokettiasiakasohjelma porttinumero (48674, 48675) muuttuu joka pyyntökerralla, jotta sokettipalvelin voi tunnistaa kaksisuuntaisen sokettiyhteyden yksilöllisesti. Toisin sanoen samasta IP-osoitteesta tulevalle sokettiasiakkaalle varataan yhteyden ajaksi yksilöllinen TCP-portti:

```
$ node 06-socket-server.js
Server listening on 127.0.0.1:7200
OPEN Connection to: 127.0.0.1:48674
DATA from 127.0.0.1 48674: Hey! I'm your client!
CLOSED: 127.0.0.1 48674
OPEN Connection to: 127.0.0.1:48675
DATA from 127.0.0.1 48675: Hey! I'm your client!
CLOSED: 127.0.0.1 48675
```

Asiakasohjelma avaa yhteyden **connect**()-metodilla ja kirjoittaa datan ulospäin menevään tietovirtaan **write**()-metodilla, jonka jälkeen yhteys suljetaan.

Asiakas ottaa yhteyden TCP-porttiin 7200:

```
$ node 06-socket-client.js
CONNECTED:  127.0.0.1
Connection opened to: 127.0.0.1:7200
DATA: Data sent from the client was "Hey! I'm your client!"
Connection closed
$ node 06-socket-client.js
CONNECTED:  127.0.0.1
Connection opened to: 127.0.0.1:7200
DATA: Data sent from the client was "Hey! I'm your client!"
Connection closed
```

Sokettiasiakkaan virheet voi käsitellä hallitummin 'error'-tapahtumalla. Esimerkiksi,

67

jos palvelin ei ole päällä tai salli yhteyttä, tulee *ECONNREFUSED*-virhe.

```
client.on('error', function(ex) {
  console.log("ERROR");
  console.log(ex);
});
```

Ohjelma tulostaa virhetilanteessa, esimerkiksi jos sokettipalvelin ei ole lainkaan ajossa, seuraavaa:

```
$ node 06-socket-client.js
ERROR
Error: connect ECONNREFUSED 127.0.0.1:7200
    at TCPConnectWrap.afterConnect [as oncomplete] (net.js:1128:14) {
  errno: 'ECONNREFUSED',
  code: 'ECONNREFUSED',
  syscall: 'connect',
  address: '127.0.0.1',
  port: 7200
}
Connection closed
```

MongoDB ja Node

MongoDB sisältää tietokantakonsepteja, jotka ovat tuttuja jokaiselle, joka on käyttänyt relaatiotietokantoja. MongoDB-palvelimella voi olla yksi tai useampia tietokantoja, jotka toimivat korkeamman tason säiliöinä siellä olevalle tiedolle.

MongoDB tietokannan keskeisimmät käsitteet ovat:

- tietokanta voi sisältää nolla tai useampia **kokoelmia** (*collection*)

- kokoelma voi sisältää nolla tai useampia **dokumentteja** (*document*)

- dokumentti voi koostua yhdestä tai useammasta kentästä (*field*)

- dokumentin kenttiä voidaan myös indeksoida

- kun haetaan dataa, palautetaan kursori (*cursor*)

MongoDB-tietokannassa kokoelma vastaa osittain relaatiotietokannan taulua. Vastaavasti MongoDB:n dokumentti on kuin tietue relaatiotietokannassa. Kenttä on vastaavasti kuten sarake relaatiotietokannassa. Vastaavasti kursorin avulla voi tehdä laskemista sekä siirtymistä eteenpäin.

MongoDB ja JavaScript

MongoDB-asiakasohjelmassa käytetään natiivisti JavaScript-kieltä. Näin ollen datan lisääminen, poistaminen tai hakeminen voidaan tehdä JavaScriptiä käyttäen.

Otetaan esimerkki MongoDB-asiakasohjelman (*mongoDB shell*-komentotulkki) käytöstä. Se käynnistetään Linux-järjestelmän konsolilta **mongo**-komennolla:

```
$ mongo
MongoDB shell version v3.6.3
connecting to: mongodb://127.0.0.1:27017
MongoDB server version: 3.6.3
```

Yhteys haluttuun tietokantaan luodaan **use**-komennolla

```
> use nodedemos
switched to db nodedemos
```

db-komennolla saadaan lueteltua kaikki tietokannat, jotka MongoDB-palvelimella ovat:

```
> db
nodedemos
```

Kokoelmaan lisätään tietoa **insert**()-metodilla:

```
> db.test_collection.insert({ key: "val" })
WriteResult({ "nInserted" : 1 })
```

Ajetaan välissä Nodella Mongo client-ohjelma, joka lisää viisi dokumenttia kokoelmaan:

```
$ node 08-mongo-client-v1.js
CONNECTED:  mongodb://localhost:27017/demos
Inserted NaN documents with "_id" {
  result: [Object],
  ops: [Array],
  insertedCount: 5,
  insertedIds: [Object]
}
```

Tämän jälkeen tietoa voi hakea kokoelman nimellä sekä **find**()-metodilla:

```
> db.devices.find({})
{ "_id" : ObjectId("5db2bd27c154092957021dff"), "device" : "Webcam",
"manufacturer" : "Skalith", "purchaseDate" : "23.06.2011", "price" :
39 }
```

70

```
{ "_id" : ObjectId("5db2bd27c154092957021e00"), "device" : "Monitor",
"manufacturer" : "Roodel", "purchaseDate" : "26.04.2011", "price" : 32
}
{ "_id" : ObjectId("5db2bd27c154092957021e01"), "device" : "Network
card", "manufacturer" : "Twitterbeat", "purchaseDate" : "17.05.2014",
"price" : 10 }
{ "_id" : ObjectId("5db2bd27c154092957021e02"), "device" : "Digital
camera", "manufacturer" : "Trilith", "purchaseDate" : "29.12.2013",
"price" : 21 }
{ "_id" : ObjectId("5db2bd27c154092957021e03"), "device" : "Sound
Card", "manufacturer" : "Tagchat", "purchaseDate" : "14.07.2012",
"price" : 75 }
```

Kokoelman voi poistaa **drop**()-metodilla, jonka jälkeen **find**()-haku ei palauta yhtään dokumenttia:

```
> db.devices.drop()
true
> db.devices.find({})
```

Mongo Client – datan lisäys

Otetaan esimerkki Nodella tehdystä Mongo-asiakasohjelmasta, jolla lisätään laitteistodataa tietokantaan. Esimerkissä **mongodb.connect** ottaa yhteyttä tietokantaan ja tämän jälkeen **collection.insertMany** lisää monta laitetta kokoelmaan, jotka luetaan alustetusta *device*-taulukosta.

```
const mongoClient = require('mongodb').MongoClient

const url = 'mongodb://localhost:27017/demos'

// create new devices collection and add some data into it
mongoClient.connect(url, {
```

```
        useNewUrlParser    : true,
        useUnifiedTopology: true
    },
    (err, db) => {
        if (err) {
            console.log('ERROR:', err)
        } else {
            console.log('CONNECTED: ', url)

            const demoDb = db.db('nodedemos')

            const collection = demoDb.collection('devices')

            const devArr = []

            devArr.push({
                "device"       : "Webcam",
                "manufacturer": "Skalith",
                "purchaseDate": "23.06.2011",
                "price"        : 39
            })
            devArr.push({
                "device"       : "Monitor",
                "manufacturer": "Roodel",
                "purchaseDate": "26.04.2011",
                "price"        : 32
            })
            devArr.push({
                "device"       : "Network card",
                "manufacturer": "Twitterbeat",
                "purchaseDate": "17.05.2014",
                "price"        : 10
```

```
        })
        devArr.push({
            "device"       : "Digital camera",
            "manufacturer": "Trilith",
            "purchaseDate": "29.12.2013",
            "price"        : 21
        })
        devArr.push({
            "device"       : "Sound Card",
            "manufacturer": "Tagchat",
            "purchaseDate": "14.07.2012",
            "price"        : 75
        })

        collection.insertMany(devArr, (err, result) => {
            if (err) {
                console.log(err)
            } else {
                console.log('Inserted %d documents with "_id" %s',
                    result.length, result)
            }
            db.close()
        })
    }
  }
);
```

Ohjelma tulostaa:

```
$ node 08-mongo-client-v1.js
CONNECTED:  mongodb://localhost:27017/demos
Inserted NaN documents with "_id" {
```

73

```
    result: [Object],
    ops: [Array],
    insertedCount: 5,
    insertedIds: [Object]
}
```

Mongo Client – datan poistaminen

Otetaan esimerkki Mongo-asiakasohjelmasta, joka poistaa kaiken Mongon *devices*-kokoelmassa olevan datan **deleteMany**()-metodia käyttäen.

```
const mongoClient = require('mongodb').MongoClient

const url = 'mongodb://localhost:27017/nodedemos'

// Connection to devices collection and delete all data from it
mongoClient.connect(url, {
        useNewUrlParser   : true,
        useUnifiedTopology: true
    },
    (err, db) => {
        if (err) {
            console.log('ERROR:', err)
        } else {
            console.log('CONNECTED: ', url)

            const demoDb = db.db('nodedemos')

            const collection = demoDb.collection('devices')

            // deleteMany deletes all documents from the collection.
            collection.deleteMany({}, (err, results) => {
```

```
                    if (err) {
                        console.log(err)
                    } else {
                        console.log(results)
                    }
                    db.close()
                }
            )
        }
    }
)
```

Ohjelma tulostaa:

```
$ node 08-mongo-client-v2.js
CONNECTED:    mongodb://localhost:27017/nodedemos
CommandResult {
  result: { n: 5, ok: 1 },
  connection: Connection {
    _events: [Object: null prototype] {
      error: [Function],
      close: [Function],
      timeout: [Function],
      parseError: [Function],
      message: [Function]
    },
    _eventsCount: 5,
    _maxListeners: undefined,
    id: 0,
    options: {
      host: 'localhost',
      port: 27017,
```

```
      size: 5,
      ...
    },
    ...
  deletedCount: 5
}
```

Mongo Client – datan hakeminen

Otetaan esimerkki Mongo-asiakasohjelmasta, joka kyselee dataa mongoDB-tietokannasta. Kyselyyn käytetään kokoelmaan kohdistuvaa **find**()-metodia, jolle voi antaa monipuolisesti hakekriteerejä, jotka kohdistuvat haettavan datan kenttiin. Vastaavasti tuloksiin voi ketjuttaa **sort**()-metodin, jolle voi antaa järjestelykriteerin.

```
const mongoClient = require('mongodb').MongoClient

const url = 'mongodb://localhost:27017/nodedemos'

const queryMongo = (searchCriteria, sortCriteria, callbackShow) => {

    mongoClient.connect(url, {
            useNewUrlParser   : true,
            useUnifiedTopology: true
        },
        (err, db) => {
            if (err) {
                console.log('ERROR:', err)
            } else {
                console.log('CONNECTED: ', url)

                const demoDb = db.db('nodedemos')
```

```javascript
            const collection = demoDb.collection('devices')

collection.find(searchCriteria).sort(sortCriteria).toArray(
            (err, result, showResult) => {
                console.log("searchCriteria was: " +
JSON.stringify(
                    searchCriteria))

                if (err) {
                    console.log(err)
                } else if (result.length) {
                    //console.log('Found from mongodb:',
result)

                    callbackShow(result)
                } else {
                    console.log(
                        'No document(s) found with defined
"find" criteria!')
                }
                console.log()
                db.close()
            }
        )
    }
}
)

};

const showResult = data => {
    data.forEach(device => {
        console.log(
```

77

```
              device.device + ", " + device.manufacturer + ", " +
device.purchaseDate + ", " + device.price)
    })
}
```

Pääohjelman kutsuissa määritetään hakuehto *price*-elementtiin, jossa esimerkiksi hinta < 30 ehto määritetään seuraavasti: *{"price": {$lt: 30}}*. Vastaavasti toinen argumentti määrittää kentän, jonka mukaan tulokset järjestetään **sort**()-metodilla. Esimerkiksi *{"price": 1}* määrittelee, että haku järjestetään *price*-kentän mukaan laskevasti. Vastaavasti nousevan järjestyksen saa arvolla -1.

```
queryMongo({}, {}, showResult)
queryMongo({"price": {$lt: 30}}, {"price": 1}, showResult)
queryMongo({"price": {$gt: 30}}, {"price": -1}, showResult)
```

Ohjelma tulostaa:

```
$ node 08-mongo-client-v3.js
CONNECTED:  mongodb://localhost:27017/nodedemos
searchCriteria was: {}
Webcam, Skalith, 23.06.2011, 39
Monitor, Roodel, 26.04.2011, 32
Network card, Twitterbeat, 17.05.2014, 10
Digital camera, Trilith, 29.12.2013, 21
Sound Card, Tagchat, 14.07.2012, 75

CONNECTED:  mongodb://localhost:27017/nodedemos
searchCriteria was: {"price":{"$lt":30}}
Network card, Twitterbeat, 17.05.2014, 10
Digital camera, Trilith, 29.12.2013, 21

CONNECTED:  mongodb://localhost:27017/nodedemos
```

```
searchCriteria was: {"price":{"$gt":30}}
Sound Card, Tagchat, 14.07.2012, 75
Webcam, Skalith, 23.06.2011, 39
Monitor, Roodel, 26.04.2011, 32
```

Asynkroninen funktiot ja promise-funktiot

Perinteisesti asynkroninen ohjelmointi on JavaScriptissä hoidettu asynkronisten callback-funktioiden avulla. Niiden ongelmana on jo pitkään ollut se, että koodin luettavuus kärsiin huomattavasi, mistä seuraa myös ylläpidon vaikeutuminen (*"callback hell"*-termi). Tämän vuoksi uudet menetelmän asynkroniseen ohjelmointiin ovat enemmän kuin tervetulleita lisiä. Nodessa erilaisia mahdollisuuksia korvata callback-funktion on useita ja usein niitä voi käyttää ohjelmissa rinnakkain.

Promise-olioita (lupauksia) käytetään JavaScript-kielessä **asynkronisessa ohjelmoinnissa**. Samaan tarkoitukseen on myös kehitetty **async**-avainsana, jonka voi liittää asynkronisesti suoritettavaan JavaScript-funktioon.

Node versiossa 8 julkaistu **async**/**await** tarjoaa elegantimman syntaksin promise-olioiden kirjoittamiseen ja tulosten käsittelyyn. Tuotettua koodia on helpompaa lukea ja kirjoittaa. Ennen **async**/**await**-funktioita asynkronisten funktioiden ajaminen oikeassa järjestyksessä oli aina varmistettava. Funktiot kirjoitettiin yksi toisensa perään ketjuttamalla tai kirjoittamalla callback-funktioita toistensa sisälle. **Promise**-olioden tapauksessa pystyttiin käyttämään **Promise.then**(), mutta siinäkin tapauksessa koodi on vähemmän luettavaa kuin **async**/**await**-syntaksia käyttäen.

Promise

Promise-olioita eli suomeksi lupauksia käytetään JavaScript-kielessä **asynkronisessa ohjelmoinnissa**. Se mahdollistaa hallitumman tulosten käsittelyn sekä myös helpomman virheenkäsittelyn. Esimerkkinä voidaan reagoida tuloksiin, kun ollaan saatu vastaus yhdeltä metodilta ja jatkaa vasta sen jälkeen seuraavaan. Esimerkki käyttää myös metodia **Promise.then**() ketjuttamaan erilaisia lupauksi a toisiinsa. Tulos ratkaistaan käyttämällä **resolve()**-metodia ja vastaavasti hylätään **reject()**-metodilla, jonka virheenkäsittelyn helpottamiseksi tulee palauttaa **Error**-luokasta periytyvän olion.

Vastaavasti useita eri **Promise**-olioita taulukkoparametrina ottavassa **Promise.all()**-metodissa odotetaan, että kaikki **Promise**-oliot on saatu ratkaistua valmiiksi ja suoritettua loppuun, jonka jälkeen voi siirtyä tulosten käsittelyyn tietäen, että kaikki tarvittavat tulokset ovat saatavilla.

Seuraavassa esimerkissä tehdään **Promise**-olioiden luonti, ketjuttaminen, virheenkäsittely sekä odotetaan kaikkien **Promise**-lupausolioiden täyttymistä.

```
// node 09-promise-demo.js
let myPromise = new Promise((resolve, reject) => {
  let value = 'It works';
  // when success
  resolve(value);

});

let myPromise2 = new Promise((resolve, reject) => {
  // when error
  reject(new Error('Promise Rejected!'));
});


myPromise.then(response => {
  console.log(response);
}, error => {
  console.log(error);
});


// chaining promises
```

```javascript
myPromise
.then(response => {
  return response + " Success again";
})
.then(response => {
  console.log(response);
});

// compact way to catch errors
myPromise2.catch(
  error => {
    console.log("Error: " + error);
});

/************** many promises resolved ***************/
let promise1 = new Promise(resolve => {
    resolve('solved');
  }),
  promise2 = new Promise(resolve => {
    resolve('solved again');
  }),
  promise3 = new Promise(resolve => {
    resolve('and again');
});

Promise.all([
    promise1,
    promise2,
    promise3
])
.then(response => {
    let [r1, r2, r3] = response;
```

```
  console.log(`${r1} => ${r2} => ${r3}`);
});
```

Tulostaa:

```
It works
Error: Error: Promise Rejected!
It works. Successful response again.
solved => solved again => and again
```

Asynkroniset funktiot (async)

Node 8 -versiossa julkaistiin virallisesti **async/await**-tuki. Se mahdollistaa tuen **Promise**-olioille sekä helpommalle funktioiden suorituksen ketjutukselle. Funktioita ei tarvitse ketjuttaa yksi toisensa perään, vaan yksinkertaisesti odotetaan suorituksen päättymistä **await**-funktiolla, joka palauttaa **Promise**-olion. Ennen tätä täytyy kuitenkin määrittää **async**-funktio, jonka jälkeen voi odottaa **await**-funktion palauttamaa **Promise**-olioa.

Esimerkki: async/await

```
// node 09-async-wait.js

// SyntaxError: await is only valid in async function
async function asyncFun() {

  const waitReady = new Promise((resolve, reject) => {
    setTimeout(() => resolve("Ready!"), 500)
  });

  const res = await waitReady;
  console.log(res);
}
```

```
asyncFun();
```

Ohjelmassa on määritetty asynkroninen funktio *asyncFunc*(), jossa odotetaan *waitReady*-funktion valmistumista, kun lupaus on ratkaistu (resolve). Tämän jälkeen jatketaan tuloksen tulostamisella. Edellinen ohjelma tulostaa "*ready*!" 0.5 sekunnin kuluttua. Tulosten odottaminen ei kuluta CPU-aikaa, koska samaan aikaan se voi suorittaa muita funktioita, käsitellä tapahtumia jne.

Esimerkki: async-funktio

Kirjoitetaan **async**-funktio *asyncRunning*, jonka sisällä odotetaan *resolveAfter*-funktion päättymistä, jossa oleva **Promise**-olio valmistuu argumenttina annetun ajan kuluttua. Ohjelmassa odotetaan *resolveAfter*-funktion päättymistä **await**-avainsanan avulla, jolloin suoritus jatkuu seuraavaan asynkroniseen funktiokutsuun vasta sitten, kun edellinen pyyntö on saatu valmiiksi.

```
const resolveAfter = (sleepTime) =>
    new Promise(resolve => {
        setTimeout(() => {
            resolve('resolved in ' + sleepTime + 'ms.');
        }, sleepTime);
    })


const asyncRunning = async () => {
    console.log('asyncCalling function starts');
    const result = await resolveAfter(4000);
    console.log(result);
    const result2 = resolveAfter(3000);
    console.log(await result2);
    const result3 = resolveAfter(2000);
    console.log(await result3);
    console.log('asyncCalling function stops');
```

```
};

asyncRunning().then(r => "asyncRunning() is finished.");
```

Ohjelma tulostaa

```
node timeoutAsync1.js
asyncCalling function starts
resolved in 4000ms.
resolved in 3000ms.
resolved in 2000ms.
asyncCalling function stops
```

Async-esimerkki

Seuraavassa esimerkissä suoritetaan asynkroniset funktiot, mutta *asyncRunning*-funktiossa tulostetaan tulos suoraan (*await result*). Tämän vuoksi suoritukset eivät odota edellisen funktion suorittamista, vaan tulos valmistuu välittömästi, kun **setTimeout**()-funktion suoritus on saatu valmiiksi.

```
// node timeoutAsync2.js
const resolveAfter = (sleepTime) => {
    return new Promise(resolve => {
        setTimeout(() => {
            resolve('resolved in ' + sleepTime + ' ms.');
        }, sleepTime);
    });
}


async function asyncRunning(sleepTime) {
    const result = resolveAfter(sleepTime);
    console.log(await result);
}
```

```
console.log('asyncRunning function calls starts');
asyncRunning(3000).then(r => console.log("3000 ms"));
asyncRunning(2000).then(r => console.log("2000 ms"));
asyncRunning(500).then(r => console.log("500 ms"));
asyncRunning(200).then(r => console.log("200 ms"));
asyncRunning(10).then(r => console.log("10 ms"));
```

Tuloksissa lyhimmän odotusajan funktio, jonka odotusaika oli 10 millisekuntia, valmistuu ensimmäisenä ja vastaavasti ensimmäinen funktiokutsu, jossa odotusaika oli 3 sekuntia, valmistuu viimeisenä:

```
node timeoutAsync2.js
asyncRunning function calls starts
resolved in 10 ms.
10 ms
resolved in 200 ms.
200 ms
resolved in 500 ms.
500 ms
resolved in 2000 ms.
2000 ms
resolved in 3000 ms.
3000 ms
```

Mongo-asiakas async-funktioiden avulla

Edelliset Mongo-asiakas esimerkit käyttivät perinteistä callback-syntaksia, mutta Nodessa Mongoa voi myös ohjelmoida asynkronisesti käyttäen **async/await**-metodeja. Tämä selkeyttää tuotettavaa koodia sekä helpottaa sen ylläpitoa. Esimerkissä Mongo-asiakasohjelma päivittää yhden rivin tietokantaa **collection.updateOne**-metodilla. Hakutulokset tulostetaan **collection.findOne**-metodilla:

```js
// 08b-mongo-client-v1.js
const mongoClient = require('mongodb').MongoClient

const url = 'mongodb://localhost:27017/demos'

// create new devices collection and add some data into it
// Uses async/await style to do it.

const connectToMongo = async () => {
    return await mongoClient.connect(url, {
        useNewUrlParser   : true,
        useUnifiedTopology: true
    })
}

async function insertToDb() {
    let con

    try {
        con = await connectToMongo()
        const demoDb = con.db('nodedemos');

        const collection = demoDb.collection('devices')

        const devArr = []

        devArr.push({
            "device"      : "Webcam",
            "manufacturer": "Skalith",
            "purchaseDate": "23.06.2011",
            "price"       : 39
        })
```

```
    devArr.push({
        "device"        : "Monitor",
        "manufacturer": "Roodel",
        "purchaseDate": "26.04.2011",
        "price"         : 32
    })
    devArr.push({
        "device"        : "Network card",
        "manufacturer": "Twitterbeat",
        "purchaseDate": "17.05.2014",
        "price"         : 10
    })
    devArr.push({
        "device"        : "Digital camera",
        "manufacturer": "Trilith",
        "purchaseDate": "29.12.2013",
        "price"         : 21
    })
    devArr.push({
        "device"        : "Sound Card",
        "manufacturer": "Tagchat",
        "purchaseDate": "14.07.2012",
        "price"         : 75
    })

    let results = await collection.insertMany(devArr)
    console.log(results)
} catch (err) {
    console.log(err);
} finally {
    con.close();
}
```

```
}
```

```
insertToDb()
```

Mongo client -ohjelma suorituksen jälkeen näytetään tulokset, josta voi nähdä MongoDB-tietokantaan lisätyn kokoelman sisällön kaikkine kenttineen (myös _id) JSON-formaatissa:

```
node 08b-mongo-client-v1.js
{
  result: { ok: 1, n: 5 },
  ops: [
    {
      device: 'Webcam',
      manufacturer: 'Skalith',
      purchaseDate: '23.06.2011',
      price: 39,
      _id: 5e9c12efbd74b32359ffaa00
    },
    {
      device: 'Monitor',
      manufacturer: 'Roodel',
      purchaseDate: '26.04.2011',
      price: 32,
      _id: 5e9c12efbd74b32359ffaa01
    },
    {
      device: 'Network card',
      manufacturer: 'Twitterbeat',
      purchaseDate: '17.05.2014',
      price: 10,
```

```
    _id: 5e9c12efbd74b32359ffaa02
  },
  {
    device: 'Digital camera',
    manufacturer: 'Trilith',
    purchaseDate: '29.12.2013',
    price: 21,
    _id: 5e9c12efbd74b32359ffaa03
  },
  {
    device: 'Sound Card',
    manufacturer: 'Tagchat',
    purchaseDate: '14.07.2012',
    price: 75,
    _id: 5e9c12efbd74b32359ffaa04
  }
],
insertedCount: 5,
insertedIds: {
  '0': 5e9c12efbd74b32359ffaa00,
  '1': 5e9c12efbd74b32359ffaa01,
  '2': 5e9c12efbd74b32359ffaa02,
  '3': 5e9c12efbd74b32359ffaa03,
  '4': 5e9c12efbd74b32359ffaa04
}
```

Tiedon hakeminen Mongosta

Otetaan toinen esimerkki, jossa ensin otetaan yhteyttä Mongo-tietokantaan (*await connectToMongo()*), sen jälkeen haetaan kokoelma (*await demoDb.collection('devices')*), jonka jälkeen suoritetaan asynkroninen metodipyyntö tiedon hakemiseksi (**collection.find**) kokoelmasta. Loppujen lopuksi tulostetaan hakutulokset.

```js
//08b-mongo-client-v3-js
const mongoClient = require('mongodb').MongoClient

const url = 'mongodb://localhost:27017/nodedemos'

const connectToMongo = async () => {
    return await mongoClient.connect(url, {
        useNewUrlParser    : true,
        useUnifiedTopology: true
    })
}

const queryMongo = async (searchCriteria, sortCriteria, callbackShow)
=> {
    let con
    try {
        con = await connectToMongo()
        const demoDb = con.db('nodedemos');

        const collection = await demoDb.collection('devices')

        const result = await collection.find(searchCriteria)
            .sort(sortCriteria).toArray()
        console.log("for searchCriteria " + JSON.stringify(
            searchCriteria) + " results are: ")
        callbackShow(result)

    } catch (err) {
        console.log(err);
    } finally {
```

```
        con.close();
    }
}


const showResult = data => {
    data.forEach(device => {
        console.log(
            " " + device.device + ", " + device.manufacturer + ", " +
device.purchaseDate + ", " + device.price)
    })
}


queryMongo({}, {}, showResult)
queryMongo({"price": {$lt: 30}}, {"price": 1}, showResult)
queryMongo({"price": {$gt: 30}}, {"price": -1}, showResult)
queryMongo({"price": {$gt: 0}}, {"price": -1}, showResult)
```

Ohjelma tulostaa tiedot, jotka on saatu haettua *queryMongo*()-metodille annetun hakuehdon perusteella ja järjestetty joko nousevasti tai laskevasti *price*-kentän mukaan:

```
$ node 08b-mongo-client-v3.js
for searchCriteria {} results are:
 Webcam, Skalith, 23.06.2011, 39
 Monitor, Roodel, 26.04.2011, 32
 Network card, Twitterbeat, 17.05.2014, 10
 Digital camera, Trilith, 29.12.2013, 21
 Sound Card, Tagchat, 14.07.2012, 75
for searchCriteria {"price":{"$lt":30}} results are:
 Network card, Twitterbeat, 17.05.2014, 10
 Digital camera, Trilith, 29.12.2013, 21
for searchCriteria {"price":{"$gt":30}} results are:
 Sound Card, Tagchat, 14.07.2012, 75
```

```
Webcam, Skalith, 23.06.2011, 39
Monitor, Roodel, 26.04.2011, 32
for searchCriteria {"price":{"$gt":0}} results are:
Sound Card, Tagchat, 14.07.2012, 75
Webcam, Skalith, 23.06.2011, 39
Monitor, Roodel, 26.04.2011, 32
Digital camera, Trilith, 29.12.2013, 21
Network card, Twitterbeat, 17.05.2014, 10
```

HTTP-palvelimen toteutus

Node.js tarjoaa **http**-moduulin, jota voi käyttää luomaan HTTP-palvelinohjelman. Samalla moduulilla voi luoda myös HTTP-clientin. Täten web-palvelin voi olla erittäin minimaalinen, koska mitään muuta ei tarvita palvelimen ajamiseksi.

Pelkkä Node.js, ilman moduulien käyttöä, ei kuitenkaan käytännössä ole riittävä pohja web-palvelinsovellusten tekemiseen, vaan siihen tarvitaan lisäksi joku **web-sovelluskehys** (*Web application framework*). Sopiva web-sovelluskehys Node-pohjaisten palvelinsovellusten luomiseen on minimalistinen ja joustava **Express.js**, se tarjoaa minimalistisen ja joustavan kehyksen. Express sisältää laajalti ominaisuuksia web-palvelinsovelluksen kehittämiseen todelliseen käyttöön

Esimerkki: HTTP-palvelinsovellus tiedostoille

Otetaan ensimmäinen esimerkki, jossa kehitetään yksinkertainen web-palvelinsovellus, joka tarjoaa yhden staattisen tekstitiedoston sisällön nykyisestä hakemistosta HTTP-asiakkaalle.

Ohjelma käynnistetään ajamalla:

```
$ node 05-http-file-server.js 8888 00-hello-world.js
```

Tämän jälkeen ladataan ohjelman lähdekoodi ja jäädään odottamaan HTTP-asiakasohjelmalta (kuten web-selaimelta) tulevaa yhteyspyyntöä.

```
// Usage:  node 05-http-file-server.js 8888 00-hello-world.js

const fs = require('fs')
const http = require('http')
const port = process.argv[2]
const file = process.argv[3]
```

```
http.createServer((req, res) => {
    res.writeHead(200, {'content-type': 'text/plain'})
    fs.createReadStream(file).pipe(res)
}).listen(port)
```

http.createServer()-metodissa palautetaan ensin HTTP-header, joka kertoo, että palautettavan sisällön tyyppiä on tekstiä (*content-type: text/plain*). Tämän jälkeen palautetaan tietovirtana kokonaisuudessaan tiedoston sisältö.

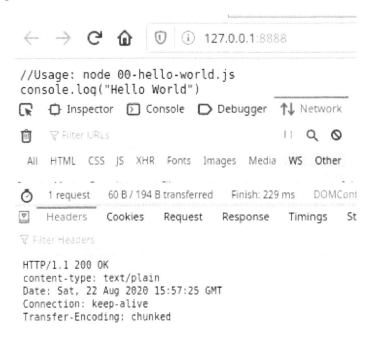

Kuva: selainnäkymä, joka näyttää myös Noden palautettamat HTTP-otsikot.

Esimerkki: HTML-kieltä tuottava HTTP-palvelinsovellus

Tavanomaisin HTTP-palvelinsovellus palauttaa selaimelle HTML-merkintäkieltä. Seuraava esimerkki palauttaa sisältönä HTML-koodia (*text/html*), jonka jälkeen kirjoitetaan palautettava HTML-koodi uloslähtevään tietovirtaan **http**-olion **write**()-metodilla.

94

```
const http = require("http")

const onRequest = (request, response) => {
    console.log("Request received.");
    response.writeHead(200, {"Content-Type": "text/html"});
    response.write("<h1>Hello NodeJS World</h1>");
    response.end();
    console.log("Response has been written.")
}

http.createServer(onRequest).listen(8888)

console.log("Server has started.")
```

Oma HTTP-asiakasohjelma

Samalla HTTP-moduulilla kuin palvelinsovellus voidaan kirjoittaa myös asiakasohjelma. HTTP-asiakasohjelma voi tukea mm. kaikkia HTTP-metodeja (GET, POST, PUT, DELETE) sekä status-koodeja.

Otetaan esimerkki Nodella tehdystä HTTP-asiakasohjelmasta:

```
// 11-http_client_example.js

const http = require("http")

const options = {
    host: 'localhost',
    port: 8888,
    path: '/'
};

http.get(options, function (res) {
```

95

```
    console.log("Status Code: " + res.statusCode);
    console.log('Headers: ' + JSON.stringify(res.headers));

    res.on("data", function (chunk) {
        console.log("Response data: " + chunk);
    });
}).on('error', function (e) {
    console.log("Error: " + e.message);
});
```

HTTP-asiakasohjelman suorittaminen palauttaa HTTP-statuskoodin, HTTP-otsikkokentät (*HTTP Headers*) sekä varsinaisen datan. Palautettavasti sisällöstä nähdään, että HTTP-otsikkokenttiin on lisätty kolme arvoa moduulin toimesta (*date, connection* sekä *transfer-encoding*).

```
$ node 11-http_client_example.js
Status Code: 200
Headers: {"content-type":"text/html","date":"Sun, 22 Mar 2020 09:16:48
GMT","connection":"close","transfer-encoding":"chunked"}
Response data: <h1>Hello NodeJS World</h1>
```

Reitittäminen HTTP-palvelinohjelmassa

HTTP-palvelinohjelmistoon kuuluu olennaisena osana, että se osaa reagoida eri nimisiin URL-osoitteisiin (*URL paths*) tuleviin pyyntöihin sekä käsitellä URL-parametrit oikein.

HTTP-moduulin avulla voi jäsentää pyynnön URL-osoitteen käyttäen **http**-pyyntöoliota sekä **url.parse**()-metodia, joka parsii URL-enkoodatun merkkijonon, josta saadaan haettuna koko URL-polku *pathname*-ominaisuuden avulla.

```
// 12-http_routing_server_example.js
```

```
const fs = require('fs'),
    http = require('http'),
    url = require('url')

function show_root(url, req, res) {
    res.writeHead(200, {'Content-Type': 'text/html'})
    res.write("<h1>Show root</h1>")
    res.write("<p>Root URL / (try create/ or edit/ also)</p>")
    res.end()
}

function show_create(url, req, res) {
    res.writeHead(200, {'Content-Type': 'text/html'})
    res.write("<h1>Create data</h1>")
    res.write("<p>Creating some data now...</p>")
    res.end()
}

function show_edit(url, req, res) {
    res.writeHead(200, {'Content-Type': 'text/html'})
    res.write("<h1>Editing data</h1>")
    res.write("<p>Editing some data now...</p>")
    res.end()
}

function show_not_found(url, req, res) {
    res.writeHead(404, {'Content-Type': 'text/html'})
    res.write("<h1>404 Not Found</h1>")
    res.end("This page not found: " + url)
}

http.createServer(function (req, res) {
```

```
    const pathname = url.parse(req.url).pathname

    switch (pathname) {
        case '/':
            show_root(pathname, req, res)
            break
        case '/create':
            show_create(pathname, req, res)
            break
        case '/edit':
            show_edit(pathname, req, res)
            break
        default:
            show_not_found(pathname, req, res)
    }
}).listen(8888)

console.log('Server running at http://127.0.0.1:8888/')
```

HTTP-palvelinohjelman **http.createServer**()-metodille annetussa callback-funktiossa määritetään **switch**/**case**-lauseiden avulla, että mihin funktioon ohjelman suoritusta jatketaan. **default**-arvolla voi käsitellä ne URL-osoitteen polut, joita ei ole lainkaan määritetty ja antaa tästä virheilmoitus clientille.

Otetaan HTTP-asiakasohjelmalla yhteys HTTP-palvelinohjelmassa määritettyihin URL-polkuihin:

```
$ node 12-http_routing_client_example.js /
Status Code: 200
Headers: {"content-type":"text/html","date":"Sun, 22 Mar 2020 09:28:02
GMT","connection":"close","transfer-encoding":"chunked"}
Response data: <h1>Show root</h1>
Response data: <p>Root URL / (try create/ or edit/ also)</p>
```

```
$ node 12-http_routing_client_example.js /create
Status Code: 200
Headers: {"content-type":"text/html","date":"Sun, 22 Mar 2020 09:28:05
GMT","connection":"close","transfer-encoding":"chunked"}
Response data: <h1>Create data</h1>
Response data: <p>Creating some data now...</p>
```

Jos otetaan yhteys sellaiseen polkuun, jota ei ole määritetty, niin kysely ohjautuu *default*-haaraan **switch**/**case**-lausekkeessa:

```
$ node 12-http_routing_client_example.js /something
Status Code: 404
Headers: {"content-type":"text/html","date":"Sun, 22 Mar 2020 09:28:11
GMT","connection":"close","transfer-encoding":"chunked"}
Response data: <h1>404 Not Found</h1>
Response data: This page not found: /something
```

HTTP-palvelinsovelluksen moduulitoteuts

HTTP-palvelinsovelluksen toteutuksen voi jakaa erillisiin JavaScript-tiedostoihin. Toteutus pohjautuu täten itse tehtyihin moduuleihin. Otetaan esimerkki yksinkertaisesta, moduulipohjaisesta, palvelintoteutuksesta.

```
//12-httpserver-module-example.js

const server = require("./servermodule1")
server.startService()
```

Määritetään moduuli, jonka on näytettävä ulospäin **exports**-oliota käyttäen kaikki moduulin tarjoamat julkiset metodit. Tämä on olennaista, jotta metodeja voi kutsua moduulin ulkopuolelta. Määritetään **exports**-ominaisuuden avulla, että *startService*-metodilla voi ulkoapäin tulevalla pyynnöllä viitata moduulin toteutettuun *start*()-funktioon.

```js
// servermodule1.js
const http = require("http")

const onRequest = (request, response) => {
    console.log("Request received.")
    response.writeHead(200, {"Content-Type": "text/html"})
    response.write("<h1>Hello NodeJS World</h1>")
    response.end()
    console.log("Response has been written.")
}

const start = () => {
    http.createServer(onRequest).listen(8888)
    console.log("Server has started.")
}

exports.startService = start
```

exports

  exports-muuttuja on näkyvillä moduulin tiedostotasolla, jolloin se näkyy ulospäin
annetulla nimellä (*module.exports.fname* tai lyhennettynä pelkästään *exports.fname*).
Sille annetaan **module.exports**-muuttujaan määritetyn muuttujan arvo jo ennen
moduulin evaluointia.

Esimerkki: HTTP-palvelinsovelluksen URL-reitit

  HTTP-palvelinsovellukseen voi määrittää URL-reittejä, jotka määritetään erillisessä
router-moduulissa.

```js
//13-httpserver-url-example.js

const server = require("./servermodule2")
```

100

```
const router = require("./router2")
const requestHandlers = require("./requestHandler2")

const handle = {}
handle["/"] = requestHandlers.list
handle["/process"] = requestHandlers.process
handle["/show"] = requestHandlers.show

server.startServer(router.route, handle)
```

Palvelinmoduulin *start*()-funktio, johon ulkoapäin viitataan *startServer*()-nimellä ottaa argumentteinaan reitittävän metodin sekä nämä reitit käsittelevän metodit *handle*-taulukon avulla.

```
//servermodule2.js
const http = require("http")
const url = require("url")

function start(route, handle) {
    const onRequest = (request, response) => {
        const pathname = url.parse(request.url).pathname
        console.log("Request for " + pathname + "")
        route(handle, pathname, response)
    }

    http.createServer(onRequest).listen(8888)
    console.log("Server has started.")
}

exports.startServer = start
```

Reititysfunktio toteutetaan ottamalla vastaan URL-osoitteen polku, jonka jälkeen se annetaan käsittelymetodille argumenttina. Tämän avulla voi kuvata argumenttina tulleen URL-polun oikealle käsittelymetodille.

```
// requestHandler2.js
const exec = require("child_process").exec

const list = (response) => {
    console.log("list handler.")
    exec("ls -la", function (error, stdout, stderr) {
        response.writeHead(200, {"Content-Type": "text/html"})
        response.write("<h1>ls -la</h1>")
        response.write("<pre>" + stdout + "</pre>")
        response.end()
    })
}

const process = (response) => {
    console.log("process list handler.")
    exec("ps -aux", function (error, stdout, stderr) {
        response.writeHead(200, {"Content-Type": "text/html"})
        response.write("<h1>ps -ax</h1>")
        response.write("<pre>" + stdout + "</pre>")
        response.end()
    })
}

const show = (response) => {
    console.log("show handler.")
    response.writeHead(200, {"Content-Type": "text/html"})
    response.write("<h1>Show some data</h1>")
    response.end()
}
```

```
exports.list = list
exports.process = process
exports.show = show
```

Express.js

Node.js tarjoaa perus I/O-mekanismit, ja se sisältää myös **http**-moduulin, jolla voi tehdä yksinkertaisia web-palvelinohjelmia. Mutta edelleen Node tarjoaa vain perustason mekanismin HTTP-palvelinohjelmien rakentamiseen.

Jos Nodea käytetään ammattimaisten web-palvelinohjelmien toteuttamiseen, niin tarvitaan jokin lisämoduuli. Tarjolla olevista moduuleista kaikkein yleisin, tunnetuin ja käytetyin web-sovelluskehys on **Express.js** (tai yksinkertaisesti **Express**). Se on erinomainen valinta Nodella tehtävään HTTP-palvelinohjelmointiin ja myös **REST Web Service** -palvelut voi rakentaa **Express.js**-sovelluskehystä käyttäen. Express on **MEAN**-sovelluspinon taustakomponentti yhdessä **MongoDB**-tietokantaohjelmiston ja **AngularJS**-sovelluskehyksen kanssa

Express.js on Noden suositumpia web-sovelluskehyksiä, joka julkaistaan ilmaisena avoimen lähdekoodin ohjelmistona MIT-lisenssillä. Se on suunniteltu web-sovellusten ja API-rajapintojen rakentamiseen. Alkuperäinen kirjoittaja **T.J. Holowaychuk** kuvaili Express-kehystä minimaaliseksi. Kehyksen monia lisäominaisuuksia on saatavana vain lisämoduuleina.

Express - ominaisuudet

Express-sovelluskehyksessä tavanomaisimmat HTTP-palvelinohjelmoinnin tehtävät on toteutettu luokkiin valmiiksi. Näitä luokkia kutsutaan Express-sovelluskehyksessä **Middlewere**-paketeiksi. Näistä **middleware**-paketeista esimerkkejä ovat mm. seuraavat ominaisuudet:

- URL-reititykset

- URL-koodauksen purkaminen

- Tuki eri HTTP-metodeille (POST, GET, PUT, DELETE)

- Datan jäsentäminen

- Tuki cookie-pipareille

- Istuntojen tallennus

- Turvalliset HTTP-otsikkokentät

- Käyttäjän sisäänkirjautuminen

Express-sovelluskehys tarjoaa web-sovelluskehittäjälle mm. ominaisuudet ja mekanismit:

- Toteuttaa käsittelijöitä HTTP-pyynnöille, joissa tuetaan erilaisia HTTP-verbejä eri URL-poluilla.

- Integroitu näkymä renderöintikoneisiin, jolla voi luoda HTTP-vastauksia lisäämällä tietoja template-malleihin.

- Voi konfiguroida yleiset web-palvelinsovelluksen asetukset, kuten HTTP-portin, jota käytetään yhteyden muodostamiseen

- Asetetaan myös vastauksen renderöintiin käytettävien template-mallit.

- Lisää ylimääräisen pyynnönkäsittelyn middleware-ohjelmiston mihin tahansa kohtaan pyynnönkäsittelyputkea.

Tämä joustavuus on kaksiteräinen miekka. On olemassa middleware-ohjelmistopaketteja, joilla voidaan käsitellä melkein kaikkia vaatimukset, mutta sopivien pakettien löytäminen voi joskus olla haaste.

Express-sovelluskehyksessä sovelluksen rakenteelle ei myöskään ole vain yhtä oikeaa tapaa. Monet Node/Express-esimerkit, jotka ovat webissä, eivät ole optimaalisia, tai toteuttavat vain pienen osan siitä, mitä on tehtävä ammattimaisen web-sovelluksen kehittämiseksi.

Express Middleware-ohjelmistot

Lista tuettavista middleware-ohjelmistoista on pitkä ja ajantasaisin listan löydät parhaiten webistä: http://expressjs.com/en/resources/middleware.html.

Express ominaisuudet

Express-sovelluskehyksen keskeisimmät ominaisuudet ovat:

- rakennettu **connect**-paketin ympärille

- mahdollistaa lisäpakettien avulla sovelluksen kokonaishallinnan aina reitityksestä, pyyntöjen käsittelyyn sekä näyttämiseen näkymissä

- kevyt web-sovelluskehys, joka mahdollistaa MVC-arkkitehtuurin kaltaisen rakenteen palvelinpuolen sovelluksessa

- useita template-kirjastoja (**Pug**, **Dust.js** jne.), mitkä helpottavat web-asiakkaalle palautettavan datan tuottamista

- laaja tuki erilaisille tietokannoille (**NoSQL**-, relaatio- ja avain/arvo-tietokannat)

- hyvä tuki **RESTful API** -rajapinnan toteutukseen

Muita suosittuja Node.js -kirjastoja

Käydään lyhyesti läpi suosituimmat Node-kirjastot, joita ovat mm. seuraavat:

- **npm** on Noden pakettimanageri

- **express** on suosituin web-sovelluskehys

- **pug** on template-mallikone HTML-näkymien luomiseen

- **connect** on middleware-ohjelmisto, joka toimii Express-kehyksen pohjana

- **request** http-asiakasohjelmointiin

- **socket.io**, **socket.io-client -** WebSocket API:n kaltainen tehokas API, joka on integroitavissa HTTP-palvelinsovellukseen, mutta joka vaatii erillisen asiakaskirjaston asiakasohjelmalle.

- **mongodb**, **mongoose** – nämä moduulit tukevat MongoDB-tietokannan käyttöä Nodessa.

- **redis** mahdollistaa Redis-tietokannan käyttöönoton

- **mysql** tarjoaa MySQL-tietokantatuen

- **ws** - websocket-kirjasto

- **jsdom** on W3C DOM-rajapinnan toteutus

- **async** - kirjasto asynkronisten metodien toteuttamiseen

- **underscore** - funktionaalinen ohjelmakirjasto

- **optimist** optioiden jäsentämiseen

- **commander** komentoriviohjelmien tekemiseen

- **mocha -** sovelluskehys testaamiseen

- **nodeunit** sopii yksikkötestaamiseen

Connect Middleware

Connect on HTTP-palvelinmoduuli, joka tarjoaa moduuleja, joita Nodessa kutsutaan middleware nimellä. **Connect**-middlewaren yleisiä käyttötapauksia ovat:

- istuntotuki

- loggaus

- staattisten tiedostojen tuki

- virheiden käsittely

- autentikointi

- tiedon pakkaaminen

- pyyntöjen reitittäminen

Connect-käyttöesimerkki

Otetaan esimerkki connect-ohjelmiston käytöstä. HTTP-pyyntö kutsuu ensimmäistä middleware-funktiota välittäen *ServerResponse*-olion sekä seuraavan callback-funktion argumenttinaan. Jokainen middleware voi päättää ketjun ja palauttaa vastauksen palauttamalla *ServerResponse*-olion metodia. Pyynnön voi siirtää seuraavalla middleware-tasolle kutsumalla **next**()-metodilla.

```
var app = connect();


app.use('/show', function showHandler(req, res, next) {
  next();
});
app.use('/save', function saveHandler(req, res, next) {
  next();
});
```

callback-funktiossa on mahdollista tukea myös virheen käsittelyä antamalle neljäs argumentti.

```
app.use(function(err, req, res, next) {
  console.error(err.stack);
  res.status(500).send('Error!');
});
```

Lisäksi *connect*-olio täytyy liittää palvelimeen. Tämän voi tehdä kahdella eri tavalla.

Luodaan HTTP-palvelin *listen*()-metodilla:

```
var server = app.listen(port);
```

Myös **http.createServer**()-metodia voi käyttää palvelimen luomiseen:

```
var server = http.createServer(app);
```

Connect-kirjastot

Kaikkein keskeisimmät Middleware-kirjastot, joita voi käyttää yhdessä **Connect**-paketin kanssa, ovat:

- **body-parser** - jäsentämään tekstiä, raakadataa, JSON-dataa sekä URL-koodattua dataa

- **express-session**, **cookie-parser** ja **cookie-session** - moduulit istuntojen sekä piparien käsittelyyn

- **errorhandler** virheen käsittelyyn

- **morgan** lokitukseen

- **connect-timeout** palvelinyhteyksien aikakatkaisun käsittelyyn

- **serve-index** ja **serve-static** - staattisten tiedostojen palauttamiseen

- **multer** - HTML-lomakedatan käsittelyyn (*multipart/form-data*).

Express konfigurointi

Erilaisten Middleware-moduulien avulla voi asettaa Node/Express-sovelluksessa minkä tahansa **konfiguraatioparametrit**, joita Express-sovellus tarvitsee. Tyypillisiä konfiguraatioita ovat mm. seuraavat:

```
var app = require('express');
var path = require('path');
var favicon = require('serve-favicon');
var logger = require('morgan');
var cookieParser = require('cookie-parser');
var bodyParser = require('body-parser');


// Adding Morgan Logger
const logger = morgan('combined', {stream: accessLogStream})
```

```
app.use(logger)
```

Tyypillisesti konfiguraatio sisältää, missä TCP-portissa HTTP-palvelinta ajetaan ja missä hakemistossa HTML -template-tiedostot sijaitsevat. Samoin asetetaan sovelluksessa käytettävä template-kone (*template engine*).

```
app.set('port', process.env.PORT || 8888);
app.set('views', path.join(__dirname, 'views'));
app.set('view engine', 'pug');   '
```

Kaikki konfiguraatio tulee perustua sovelluksen tarpeeseen. Turhia moduuleja ei yksittäiseen Express-sovelluksessa kannata ladata. Osaa konfiguraatioista voi käyttää vain *dev*-tilassa. Tällaisia ovat testaamiseen, lokittamiseen sekä debuggaamiseen liittyvät konfiguraatiot, jotka tuovat tuotantokäytössä turhaan lisäkuormitusta.

Seuraavassa esimerkkikonfiguraatiossa asetetaan ikoni, tuetaan JSON-formaattia, pipareita, URL-koodattua dataa sekä tuki reititykselle:

```
app.use(favicon(path.join(__dirname, 'public', 'favicon.ico')));
app.use(logger('dev'));
app.use(bodyParser.json());
app.use(bodyParser.urlencoded({ extended: false }));
app.use(cookieParser());
app.use(express.static(path.join(__dirname, 'public')));
app.use(app.router);
```

Template-kieli

Node/Express-sovelluksessa template-kielellä on keskeinen merkitys web-sivustojen luonnissa. *Template engine*-kone on sovelluskehys, joka käyttää jotakin kieltä tulkkaamaan dataan sekä renderöimään näkymät.

- Näkymän renderöinnin tuloksena voi HTML-merkintäkieltä, mutta on

110

mahdollista myös palauttaa XML- tai JSON-dataa

- MVC-arkkitehtuurimallissa templatet kuuluvat näkymätasolle

Pug on yleisin template-kone, jota käytetään Express-sovelluskehyksen kanssa. Sen keskeisiä ominaisuuksia ovat:

- **Pug** implementoi **Jade**-kielen

- **Jade** on template-kone, jonka päätarkoitus on käsitellä palvelinpuolen template-malleja

Vuonna 2016 Jade-koneen nimeksi vaihdettiin **Pug** (tai **PugJS**). Jade-kielen opetteluun on tarjolla web-sivusto: http://jade-lang.com/demo/

Pug/Jade-esimerkki

Otetaan tähän esimerkki **Jade** -template-kielestä, joka voidaan renderöidä Pug -template-koneella.

```
doctype html
html(lang="en")
  head
    title= title
    script(type='text/javascript').
      if (foo) {
          bar(1 + 5)
      }
  body
    article
      h1= title
      p body content
      ul
        each tag, index in tags
          li= tag
```

```
footer
  div footer content
    a(href="http://www.google.com") Google
```

Jaden JavaScript-parametrit

Jade-kieleen voi upottaa JSON-dataa, josta saadaan tuloksena renderöity HTML-tulos. Nämä parametrit määritetään ennen templaten käsittelyä seuraavasti:

```
{
  title: "Jade demo",
  tags: ['express', 'node', 'javascript']
}
```

Jade-templatessa voi käydä läpi listan arvot sekä asettaa paikallisen muuttujan (*elementti=muuttuja*) arvoja, kuten seuraavassa **each**-silmukassa tehdään:

```
each tag, index in tags
  li= tag
```

Edellisen Jade-templaten käsittelyn jälkeen renderöityy seuraavanlainen HTML-kielinen lopputulos:

```
<!DOCTYPE html>
<html lang="en">
  <head>
    <title>Jade demo</title>
    <script type="text/javascript">
      if (foo) {
          bar(1 + 5)
      }
    </script>
  </head>
  <body>
```

```
    <article>
      <h1>Jade demo</h1>
      <p>body content</p>
      <ul>
        <li>express</li>
        <li>node</li>
        <li>javascript</li>
      </ul>
      <footer>
        <div>footer content<a
href="http://www.google.com">Google</a></div>
      </footer>
    </article>
  </body>
</html>
```

Jade template-esimerkki

Templateen syötteenä tuleva data voidaan antaa JSON-formaatissa avain-arvo -pareina:

```
doctype html
html(lang="en")
  body
    ol
      each value, key in languages
        li= key + " v. " + value
```

Alla määritetään *languages*-ominaisuus, jolle määritetään avain/arvo -parit olioliteraalien avulla:

```
{ languages: {'JavaScript': 1.8, 'ECMAScript': 6, 'PHP': 7, 'Perl':
6 } }
```

Renderöinnin tuloksena saadaan:

```
<!DOCTYPE html>
<html lang="en">
  <body>
    <ol>
      <li>JavaScript v. 1.8</li>
      <li>ECMAScript v. 6</li>
      <li>PHP v. 7</li>
      <li>Perl v. 6</li>
    </ol>
  </body>
</html>
```

Jade-templateen voi lisätä myös suoraan JavaScript-koodia ja käyttää operaattoreita, kuten -, = tai !.

```
ul
  - for (key in languages)
    li
      span= key + " v." + languages[key]
```

Mikä renderöinnin jälkeen kääntyy muotoon

```
<ul>
    <li><span>JavaScript v.1.8</span></li>
    <li><span>ECMAScript v.6</span></li>
    <li><span>PHP v.7</span></li>
    <li><span>Perl v.6</span></li>
  </ul>
```

Express-sovelluksia

Otetaan esimerkkejä Express-sovelluksista, joissa käydään läpi erilaisia sovelluskehyksen peruskäyttöön liittyviä asioita. Esimerkeissä aloitetaan yksinkertaisista, vain HTTP-protokollan **GET**-pyyntöihin reagoivista esimerkeistä. Tämän jälkeen otetaan mukaan **POST**-metodi, istunnot sekä lokitus.

Esimerkki: Hello Express

Toteutetaan nyt ensimmäinen kokonainen Express-esimerkki, jossa ajetaan HTTP-palvelinohjelmaa TCP-portissa 3000. Sovellus vastaa **GET**-metodi pyyntöihin ja palauttaa kaikki vastaukset, jotka tulevat osoitteeseen: http://localhost:3000/my/path. Muihin polkuihin ei vastata.

```
// 01_hello_express.js
const express = require('express')
const os = require("os")
const app = express()

app.get('/my/path', (req, res) => {
    const host = server.address().address
    const port = server.address().port
    const agent = req.headers['user-agent']
    const opsystem = os.hostname()
    const platform = os.platform()
    const osrelease = os.release()
    res.send("Hello World! Express app running at http://" + host +
"," + port + "<br>You are using " + agent + " using " + opsystem + " "
+ platform + " " + osrelease)
})
```

115

```
const server = app.listen(process.env.PORT || 3000, () => {

    const host = server.address().address
    const port = server.address().port

    console.log('Example app listening at http://%s:%s', host, port)

})
```

Otetaan tähän clientin kutsuesimerkki, joka tekee pyynnön palvelimelle sekä palauttaa sekä sisällön että HTTP-otsikot.

```
$ node 01_hello_express_client_example.js
Status Code: 200
Headers: {"x-powered-by":"Express","content-type":"text/html;
charset=utf-8","content-length":"131","etag":"W/\"83-
h5GiJr7YnOScVYItzl8J08Xv61g\"","date":"Sun, 22 Mar 2020 14:32:01
GMT","connection":"close"}
Response data: Hello World! Express app running at
http://::,3000<br>You are using YOUR-COMP
```

Myös virhetilanteessa, jos palvelimelta ei löydy kysyttyä polkua, tulee hallittu virhe takaisin asianmukaisine HTTP-otsikoineen, joista suurin osa on generoitu Express-sovelluksen asetusten perusteella ("x-powered-by":"Express"):

```
$ node 01_hello_express_client_example.js
Status Code: 404
Headers: {"x-powered-by":"Express","content-security-policy":"default-
src
'none'","x-content-type-options":"nosniff","content-type":"text/html;
charset=utf-8","content-length":"147","date":"Sun, 22 Mar 2020
14:32:18 GMT","connection":"close"}
Response data: <!DOCTYPE html>
```

```
<html lang="en">
<head>
<meta charset="utf-8">
<title>Error</title>
</head>
<body>
<pre>Cannot GET /mys/path</pre>
</body>
</html>
```

Esimerkki: HTTP-pyyntöparametrien käsittely

Otetaan esimerkki, jossa käsitellään HTTP:n GET-metodia. Esimerkissä express-olion *get*-metodilla ja sen ensimmäistä argumenttia eli *request*-oliota käyttäen, saadaan tietoa tehdystä HTTP-pyynnöstä, kuten kyselymerkkijono (*query string*), pyyntöparametrit, pyynnön runko-osa, HTTP-otsikot jne.

Tätä esimerkkiä tulee kutsua *name*- ja *age*-parametreja käyttäen seuraavasti: http://localhost:3000/?name=jack&age=45.

```
// // 02_show_htto_parameters.js
const express = require('express')
const app = express()

app.get('/', (req, res) => {
    if (req.query.name) {
        res.send('name: ' + req.query.name + "<br>" +
            'age: ' + req.query.age)
    } else {
        res.send('no query parameters given! use: URL/?
name=NAME&age=AGE')
    }
})
```

```
const server = app.listen(process.env.PORT || 3000, () => {

    const host = server.address().address
    const port = server.address().port

    console.log('Example app listening at http://%s:%s', host, port)
    console.log('Test it from Browser with name&age parameters!')
})
```

Asiakkaan pyyntöön saadaan tällöin vastaus:

```
$ node 02_show_http_parameters_client_example.js
Status Code: 200
Headers: {"x-powered-by":"Express","content-type":"text/html;
charset=utf-8","content-length":"21","etag":"W/\"15-
Q7b5P+MjSLRHUMrpHCfqYsbH+8M\"","date":"Sun, 22 Mar 2020 14:43:59
GMT","connection":"close"}
Response data: name: jack<br>age: 45
```

Pyyntöparametrit

Pyyntöparametrit käydään läpi seuraavassa järjestyksessä:

- **req.params** - parametrit

- **req.body** – pyyntö-osa

- **req.query** – koko kysely

Erilaiset pyyntöparametrit:

- **req.body** sisältää avain-arvo parit lähetystä datasta pyynnön runko-osassa, joka täytetään siinä vaiheessa, kun käytetään datan runko-osaa käsittelevää middleware-ohjelmistoa, kuten **body-parser** tai **multer**.

118

- **req.query** sisältää ominaisuuksinaan jokaisen pyynnön kyselymerkkijonon (*query string*) parametrit. Jos ei ole kyselymerkkijonoa, niin ominaisuus on tyhjä.

req.params sisältää ominaisuuksia, jotka kuvataan nimettyihin reittiparametreihin. Jos esimerkiksi on määritelty nimetty reittiparametrit */user/:name:* ja se lähetetään HTTP:n GET-metodilla, niin saadaan tuloksena *req.params.name*-ominaisuus:

```
GET /user/dj
req.params.name = dj
```

Esimerkki: tiedostopalvelu

Käytetään **path**-moduulia, johon voi yhdistää erilaisia tiedostopolkuja tiedostojärjestelmässä. **join**()-metodilla voi kytkeä osia tiedostojärjestelmästä toisiinsa ja muodostaa lopputuloksen absoluuttisen hakemistopolun mihin tahansa tiedostojärjestelmän tiedostoon.

```js
// 03_file_paths.js
const express = require('express')
const app = express()
const path = require("path")

const path1 = path.format({
    dir : '/home/user/node_modules',
    base: 'apps_list.txt'
})

const path2 = path.join('/var', 'lib', 'test/program', 'nodejs', '..')

const path3 = path.basename('/home/user/node_modules/apps_list.txt')
const path4 = path.dirname('/home/user/node_modules/apps_list.txt')
```

```
const path5 = path.parse('/home/user/node_modules/apps_list.txt')

app.get('/', (req, res) => {
    res.send(path1 + "<br>" + path2 + "<br>" + path3 + " " + path4 +
"<br>"
        + JSON.stringify(path5))
})

const server = app.listen(process.env.PORT || 3000, () => {
    const host = server.address().address
    const port = server.address().port
    console.log('Example app listening at http://%s:%s', host, port)
})
```

/home/user/node_modules/apps_list.txt
/var/lib/test/program
apps_list.txt /home/user/node_modules
{"root":"/","dir":"/home/user
/node_modules","base":"apps_list.txt","ext":".txt","name":"apps_list"}

Kuva: Hakemistopolun näyttö

Esimerkki: lomakkeen datan käsittely

Otetaan esimerkki, joka jäsentää HTML-lomakkeelta lähetetyn tiedon. Tämä toteutetaan Express-kehykseen liitettävällä **body-parser**-moduulilla.

```
// 04_body_parser.js
const express = require('express')

const bodyParser = require('body-parser')

const app = express()

app.use(bodyParser.urlencoded({extended: false}))

app.get('/', (req, res) => {
    // app.post('/', ... route receive result of this form
    const html = '<form action="/" method="post">' +
        'Enter your name:' +
        '<input type="text" name="userName" id="userName"
placeholder="..." />' +
        'And your age:' +
        '<input type="age" name="age" id="age" placeholder="123" />' +
        '<br>' +
        '<button type="submit">Submit</button>\n</form>'

    res.send(html)
})

app.post('/', (req, res) => {
    const html = 'Hello: ' + req.body.userName + ". Your age is " +
req.body.age
        + '.<br><a href="/">Try again.</a>'
```

```
    res.send(html)

    console.log(req.body) // Shows all text in query string URL
})

app.listen(process.env.PORT || 3000)
```

Kuva: HTML-lomakkeen käsittely

Esimerkki: pyynnön uudelleen ohjaus

Toteutetaan esimerkki, jossa *request*-pyynnön **redirect**()-metodia käyttäen ohjataan HTTP-pyyntö toiseen polkuun. Viestien välittämiseen käytetään **connect-flash** - moduulin **flash**()-funktiota, jonka käyttämiseen tarvitaan istuntotuki (**express-session**).

```
// 05_redirect_url_parameters.js
const express = require('express')

const flash = require('connect-flash') // req.flash() requires
sessions
const session = require('express-session')

const app = express()
```

```javascript
// Use the session because flash() requires it
app.use(session({
        secret: 'my-secret-007',
        cookie: {maxAge: 60000}
    })
)
app.use(flash())

app.get('/test', (req, res) => {
    req.flash('redirectedMessage', 'Message from URL named test')
    res.redirect('/')
})

app.get('/', (req, res) => {
    res.send("Flashed message: " + req.flash('redirectedMessage'))
})

// Any URL address can be redirected
app.get('/*', (req, res) => {
    req.flash('redirectedMessage', 'Message from URL named ' +
req.url)
    res.redirect('/')
})

const server = app.listen(process.env.PORT || 3000, () => {
})
```

Uudelleenohjaus tehdään seuraavasti:

```javascript
app.get('/save', function(req, res) {
  req.session.data = "My New Data";
  res.redirect('/');
```

```
});
```

redirect-metodin kutsumisen jälkeen saadaan luettua kaikki istuntoon asetetut arvot:

```
app.get('/', function(req, res) {
  var myData = req.session.data;
  // Do something with myData session variable
  req.session.data = null; // delete session variable
});
```

Istunnot

Istuntoja (*sessions*) käytetään HTTP-protokollassa datan tallentamiseen. Tähän käytetään **express-session** -moduulia:

```
var session = require('express-session')
```

istunnossa tallennetaan istuntotunniste (*session ID*). Istuntodata tallennetaan istunnon voimassaolon ajaksi palvelinpuolelle.

Oletusarvot istuntojen tallentamiseen ovat seuraavat:

```
{ path: '/', httpOnly: true, secure: false, maxAge: null }.
```

Oletuksena **express-session** käyttää muistin sisäistä tallennusta ja sitä ei ole suunniteltu tuotantoympäristöön tai ainakaan kovin raskaaseen käyttöön. Tuotantopalvelimella istuntomuuttujat voi tallentaa skaalautuvasti tietokantaan.

Istuntoja ja niiden ominaisuuksia voi käyttää seuraavasti:

```
if (req.session.name) {
    result += '<br>Your name from session is: ' + req.session.name;
    result += '<br>Last visited page is: ' + req.session.visitedPage;
    result += '<br>Session counter: ' + req.session.formSubmitCounter;
  }
```

cookie-session middleware toteuttaa cookie-pohjaisen tallennuksen, joten koko istunto ylläpidetään tässä ratkaisussa selainpuolella. Tämäkään ei ole tuotantopalvelimelle sopiva ratkaisu.

Tietokantapohjainen istuntotuki

Expressin istuntojen hallinta globaaleja muuttujia käyttäen ei toimi, jos Node-ohjelmaa ajetaan jaetulla palvelimella tai HTTP-pyyntöjä suoritetaan rinnakkain, mikä on yleisintä tuotantopalvelimilla.

Istuntojen tallentaminen levylle ei siis ole kovin turvallista eikä myöskään luotettavaa tai skaalaudu useammalle palvelimelle. Täten on parempi käyttää todellista tietokantaa istuntojen tallennukseen. Monet muut moduulit toteuttavat istuntovaraston, joka on yhteensopiva **express-session** -moduulin kanssa.

Voit käyttää istuntojen tallentamiseen esim. Mongo, Cassandra tai muuta NoSQL-tietokantaa. Yleisin istuntojen tallentamiseen käytetty tietokanta on erittäin nopea redis-tietokanta. Se on avain/arvo -pareja tallentava tietokanta, joka toteutuksensa vuoksi on nopea ja yksinkertainen käyttää. Redis-tietokanta otetaan käyttää **Redis** -asiakasmoduulia sekä istuntojen luontiin tarvittavaa **connect-redis** -moduulia käyttäen:

```
var redisSessionStore = require('connect-redis')(session);


app.use(session({
    secret: 'some secret str',
    store: new redisSessionStore({ host: 'localhost', port: 6379,
client: redisClient,ttl : 250}),
    // create new redis session store
    saveUninitialized: false,
    resave: false
}));
```

redis-client luonti on myös tehtävä, johon voidaan sitten **connect-redis** -moduulilla viitata redis-palvelinta käyttävän tietokannan luonnissa:

125

```
var redis = require("redis");
var redisClient= redis.createClient();
```

Esimerkki: istuntojen käyttö

Istuntoon voi tallentaa tietoa, jota voi käyttää seuraavissa pyynnöissä, jos istuntomuuttujia ei poisteta ohjelman suorituksen aikana muistista. Istunnon voi toteuttaa **express-session** -moduulia käyttäen. Seuraavassa esimerkissä tallennetaan vierailtu sivu *visitedPage*-istuntomuuttujaan, vierailijan nimi *name*-istuntomuuttujaan ja sivulaskuri *formSubmitCounter*-istuntomuuttujaan:

```
// 07_session_counters.js
const express = require('express')
const bodyParser = require('body-parser')
const session = require('express-session')
const cookieParser = require('cookie-parser')

const app = express()

app.use(cookieParser())
app.use(session({
    secret: 'messageStoredInSession',
    resave: true, saveUninitialized: true
}))

app.use(bodyParser.urlencoded({extended: true}))

app.get('/', (req, res) => {
    let result = '<form action="/" method="post">' +
        'Name: <input type="text" name="name"><br>' +
        '<button type="submit">Submit</button>' +
        '</form>'
    if (req.session.name) {
```

```
        result += '<br>Your name from session is: ' + req.session.name
        result += '<br>Last visited page is: ' +
                    req.session.visitedPage
        result += '<br>Session counter: ' +
                    req.session.formSubmitCounter
    }
    req.session.visitedPage = "/ GET"
    res.send(result)
})

app.post('/', (req, res) => {
    req.session.name = req.body.name
    req.session.visitedPage = "/ POST"
    if (!req.session.formSubmitCounter)
        req.session.formSubmitCounter = 0
    req.session.formSubmitCounter++

    res.redirect('/')
})

app.listen(process.env.PORT || 3000)
```

Lokitus

morgan-moduulilla voi toteuttaa mitä tahansa lokittamista express-sovelluksessa.
Moduulin keskeisimpiä ominaisuuksia ovat:

- soveltuu HTTP-pyyntöjen lokittamiseen

- yksinkertaistaa pyyntöjen lokitusprosessia

- eritasoisten virhetilanteiden lokitus

- kehitysversiossa voidaan lokittaa enemmän tietoa esimerkiksi debuggaukseen

127

liittyen

Morgan voi määrittää lokituksen yksityiskohdat:

```
const accessLogStream = fs.createWriteStream(__dirname +
'/access.log', {flags: 'a'})
const logger = morgan('combined', {stream: accessLogStream})
```

esimerkki: lokitus tiedostoon

Otetaan esimerkki, jossa toteutetaan lokitiedostojen kirjoittaminen **Morgan**-moduulia käyttäen.

```
// 06_logger_express.js
const express = require('express')
const app = express()

const fs = require('fs')
const morgan = require('morgan')

// write stream to a text file (a = append moodi)
const accessLogStream = fs.createWriteStream(__dirname +
'/access.log', {flags: 'a'})
const logger = morgan('combined', {stream: accessLogStream})

// using morgan logger
app.use(logger)

app.get('/', (req, res) => {
    res.send('Hello World')
})
app.get('/test', (req, res) => {
    res.send('Test URL')
```

```
})

const server = app.listen(process.env.PORT || 3000, () => {

    const host = server.address().address
    const port = server.address().port

    console.log('Example app listening at http://%s:%s', host, port)

})
```

Esimerkki tulostuneesta lokitiedostosta (*access.log*):

```
:ffff:127.0.0.1 - - [29/Mar/2020:11:48:55 +0000] "GET / HTTP/1.1" 200
11 "-" "Mozilla/5.0 (Windows NT 10.0; Win64; x64; rv:74.0)
Gecko/20100101 Firefox/74.0"
::ffff:127.0.0.1 - - [29/Mar/2020:11:49:27 +0000] "GET /koe HTTP/1.1"
404 142 "-" "Mozilla/5.0 (Windows NT 10.0; Win64; x64; rv:74.0) Gecko/
20100101 Firefox/74.0"
::ffff:127.0.0.1 - - [29/Mar/2020:11:49:34 +0000] "GET /err HTTP/1.1"
404 142 "-" "Mozilla/5.0 (Windows NT 10.0; Win64; x64; rv:74.0) Gecko/
20100101 Firefox/74.0"
::ffff:127.0.0.1 - - [19/Apr/2020:09:12:39 +0000] "GET / HTTP/1.1" 200
11 "-" "Mozilla/5.0 (X11; Ubuntu; Linux x86_64; rv:75.0)
Gecko/20100101 Firefox/75.0"
```

Reitittäminen Expressissä

Reitittäminen (*Routing*) on keino, jolla kuvataan erilaiset pyynnöt tiettyihin käsittelijöihin. Jossakin sovelluksessa on useimmiten useita sivuja (tai polkuja), jotka kuvataan tietyillä poluilla, kuten esimerkiksi */home*, */save*, */edit*, */errorpage* jne.

Express tukee reitittämistä seuraavilla tavoilla:

```
app.all("*", function(request, response, next) {
  response.writeHead(200, { "Content-Type": "text/plain" });
  next();
});


app.get("/myroute", function(request, response) {
  // routing request to service_path/myroute
}
```

app.get käytetään URL-osoitteet GET-metodilla. Reitittäminen voi tukea mitä tahansa HTTP-metodia, kuten **app.post** tai **app.put**, jotka vastaavasti käsittelevät POST- tai PUT-metodilla lähetettyjä HTTP-pyyntöjä.

Esimerkki reitittämisestä

Otetaan esimerkki, jossa HTTP:n GET-metodiin kuvataan polut */, /edit* sekä */save*. Lisäksi käsitellään kaikki GET-pyynnöt käyttämällä *-jokerimerkkiä.

```
// node 08_basic_router.js
var express = require("express");
var app = express();


app.get("/", function(request, response) {
  response.end("The Home page!");
});
```

```
app.get("/save", function(request, response) {
  response.end("The Save page!");
});


app.get("/edit", function(request, response) {
  response.end("The edit page!");
});


app.get("*", function(request, response) {
  response.end("404!");
});


const server = app.listen(process.env.PORT || 3000, () => {
    const host = server.address().address
    const port = server.address().port
    console.log('app listening at http://%s:%s', host, port)
})
```

Kuva: client-kutsu web-selaimessa

Dynaaminen reitittäminen

Dynaaminen reitittäminen (*dynamic routing*) on käytössä, jossa reitit ovat älykkäämpiä, dynaamisempia sekä hyväksyvät parametreja. Tämä reititystapa soveltuu RESTful-sovelluksen toteuttamiseen Express-sovelluskehystä käyttäen.

```
app.get("/show/:name", function(req, res) {
```

```
    res.end("showing dynamic name: " + req.params.name + ".");
});
```

Kun tätä palvelua kutsutaan polulla *http://localhost:3000/show/juha*, niin tulostetaan:

```
showing dynamic name: juha.
```

Reititysohjeita

Jos asetetaan arvoja jossakin funktiossa (esim. **app.get** tai **app.post**) ja kutsutaan sen jälkeen **next**()-metodia, voidaan siirtyä seuraavaan middleware-ohjelmaan. Samalla välittyy kaikki ennen **next**()-metodin suorittamista asetetut arvot seuraavalle ohjelmistokomponentille.

```
app.get("*", function(request, response, next) {
  console.log(request.method + ":" + request.url);
  // call next() to call the next middleware routing function
  next()
});
```

Käytetään **app.route**()-metodia määrittämään URL-reitti. Vastaavasti **all**()-metodia voi käyttää kaikille tähän URL-osoitteeseen tuleville HTTP-pyyntömetodeille.

```
app.route("/api/blog").
  .all(function (req, res) {
    res.send('All methods')
  })
  .get(function (req, res) {
    res.send('Get a blog')
  })
  .post(function (req, res) {
    res.send('Add a blog')
  })
  .put(function (req, res) {
```

```
    res.send('Update the blog')
  })
```

Router

express.Router on reititysohjelmisto, joka voi käsitellä erilaisia HTTP-pyyntöjä. Se sisältää vain reitityksen toteuttamisen. Siinä kutsutaan **router.use**()-metodia jokaiselle web-sovellukselle tehtävään pyyntöön.

Ohjelmassa luodaan **express.Router**()-olio, määritetään siihen reitit ja sen jälkeen konfiguroidaan sovellus käyttämään määritettyjä reittejä.

Esimerkkiohjelma määrittää staattiset reitit (/ ja */about*) ja dynaamisen reitin (*/name/bill*), jonne nimi tulee polun viimeisenä osana. **router.param**-ominaisuutta käytetään URL-parametrien validointiin.

Seuraavassa on **express.Router**-reititysmoduulia käyttävän esimerkkiohjelman lähdekoodi kokonaisuudessaan:

```
// router/server.js
const express = require('express')
const app = express()

const router = express.Router()

// route middleware that will happen on every request
router.use((req, res, next) => {
    console.log(req.method, req.url)
    next()
})

router.param('name', (req, res, next, name) => {
    console.log('skipping name validations on ' + name)
```

```javascript
    req.name = name
    next()
})

// home page route ()
router.get('/', (req, res) => {
    res.send(
        'Home page!<br> Try also <b>/about</b> and
<b>/person/:name</b> paths.')
})

// about page route (/about)
router.get('/about', (req, res) => {
    res.send('About page!')
})

// route with parameters (/person/:name)
router.get('/person/:name', (req, res) => {
    if (req.params.name === "juha")
        req.params.name += " - why you are still here coding?"

    res.send('person with name parameter: ' + req.params.name + '!')
})

// process the form (POST)
router.post((req, res) => {
    console.log('processing login')
    res.send('processing the login form!')
})

// apply the routes to our application
app.use('/', router)
```

```
const server = app.listen(process.env.PORT || 3000, () => {
    const host = server.address().address
    const port = server.address().port
    console.log('Router Example app listening at http://%s:%s', host,
port)
})
```

Dynaamisen reitin kutsuminen asiakasohjelmassa:

```
Router Example app listening at http://:::3000
GET /person/bill
skipping name validations on bill
GET /person/jill
skipping name validations on jill
```

Esimerkki Jade-templatet

Otetaan esimerkki, jossa käytetään **Jade** template-kieltä eri sivuilla. Renderöinti tehdään käyttäen **pug**-template-konetta.

Pääohjelmassa määritetään käytettävä näkymäkone (*view engine*) sekä alustetaan template-osioon lähetettävät tiedot, kuten *articles*-taulukko. Jokainen polku käsitellään erikseen ja kutsutaan template-sivuja käyttämällä metodia **app.render**(). Jokaiselle renderöitävälle templatelle lähetetään parametrit *title* ja *message* sekä */blog*-reitille välitetään myös *articles*-parametri.

```
// template_example\app.js
const express = require('express')
const app = express()

/* setting new view engine pug to use template pages */
app.set('view engine', 'pug')

const articles = [
    {
        "id"   : 1,
        "title": "NodeJs!",
        "text" : "NodeJs using JS as a server-side. Event based
entirely."
    },
    {
        "id"   : 2,
        "title": "Express",
        "text" : "Express yourself with Node.js. Real web server apps
are possible. "
    },
    {
```

```
        "id"    : 3,
        "title": "Mongoose",
        "text" : "Connect to Mongo database easily with Node.js!"
    },
    {
        "id"    : 4,
        "title": "Pug/Jada",
        "text" : "Nice template language used with Express and
generating markup dynamically."
    }
]

app.get('/', (req, res) => {
    res.render('index', {title: 'Home', message: 'You are At home
again!'})
})

app.get('/about', (req, res) => {
    res.render('index', {
        title  : 'About',
        message: 'Information about this page!'
    })
})

app.get('/test', (req, res) => {
    res.render('index', {
        title  : 'Test page',
        message: 'Some Random Information from the content creator!'
    })
})

app.get('/blog', (req, res) => {
```

```
    res.render('blog', {
        articles: articles,
        title   : 'Blog',
        message : 'Shows some blogs!'
    })
})

app.get('/includes', (req, res) => {
    res.render('includes')
})

app.listen(process.env.PORT || 3000)
```

Pug-näkymätemplate

Näkymään asetetaan JavaScript-data seuraavasti:

- *res.render(TEMPLATE_NAME, JSON_DATA)* käytetään kutsumaan templateja määritellyillä JavaScript-olioilla.

- **render**()-metodia käytetään kutsumaan renderöitäviä template-sivuja esimääritellyillä JSON-olioilla

Template-mallin evaluoinnissa kaikki JavaScript-koodi, joka on aaltosulkujen #{ - } evaluoidaan, arvojen erityismerkitykset poistetaan (*escape values*) sekä tulokset puskuroidaan renderöitävän templaten tulostukseen. Koodi voi evaluoida mitä tahansa valmista JavaScript-lauseketta.

Iterointiin Jade-kieli käyttää pääasiassa kahta metodia: **each** ja **while**. Jadella pystyy iteroimaan olion avaimia:

```
each value, index in {1:'uno',2:'due',3:'tre'}
    div = index + ': ' + value
```

Tuloksena saadaan HTML-kieltä:

```
<div>1: uno</div>
<div>2: due</div>
<div>3: tre</div>
```

blog.pug renderöi */blog*-pyyntöjä, jotka tehdään GET-metodilla:

```
head
    title= title
    body
        h1= message

    p #{articles[0].text}
    p #{articles[1].text}
    p #{articles[2].text}
    p #{articles[3].text}

    h2 Looping through all text

    each value, index in {1:'uno',2:'due',3:'tre'}
        div= index + ': ' + value

    div
        each article in articles
            h3 Blog #{article.id}. #{article.title}
            ul
                li #{article.text}
                li
                    a(href='/article/' + article.id) view this blog

    p
```

```pug
    span
        a(href='/') Home ~
    span
        a(href='about') About ~
    span
        a(href='test') Test ~
    span
        a(href='blog') show blog
```

include-tiedostot

Voit myös sisällyttää toisia **pug**-tiedostoja **include**-lausekkeella toiseen templateen:

```pug
doctype html
html
  include ./includes/header.pug
  body
    h1 My Home Page
    p Including header and footer files
    include ./includes/footer.pug
```

Esimerkin **header.pug** toteutus on kokonaisuudessaan seuraava:

```pug
head
  title My Home
  style.
    h1      { font-size: 4em }
    footer { margin: 35px 0 15px 0; text-align: center }
```

Ja vastaavasti **footer.pug**:

```pug
#footer
```

```
 p Copyright (c) NodeJs From JP
```

Renderöitäessä **includes.pug** saadaan seuravaanlainen HTML-tulos.

```
<!DOCTYPE html>
<html>
<head><title>My Home</title>
<style>h1       { font-size: 4em }
footer { margin: 35px 0 15px 0; text-align: center }
</style>
</head>
<body>
<h1>My Home Page</h1>
<p>Including header and footer files</p>
<div id="footer"><p>Copyright (c) NodeJs From JP</p></div>
</body>
</html>
```

Kuva: HTML-tulos selaimesta

MySQL ja Node

Node tukee useimpia relaatiotietokantaja, kuten **MySQL**, **PostGreSQL** sekä **Ms SQL Server**. Tässä keskitytään **MySQL**-tietokantaan.

Voit käyttää suosittua MySQL-tietokantaa Noden kanssa usealla tavalla, kuten käyttämällä pakettia nimeltään **mysql**, joka on MySQL-tietokannan Node-ohjain.

MySQL-tietokantaa voi käyttää melko helposti Expressin ja Node -sovellusten kanssa, vaikka se ei ole kovin suosittu vaihtoehto Nodessa verrattuna NoSQL-vaihtoehtoihin, kuten MongoDB.

Mysql-moduulin metodi **mysql.createConnection** luo yhteyden tietokantaan. Se ottaa parametrinaan konfigurointiobjektin, joka sisältää liitettävän tietokannan isännän, nimen, käyttäjän ja salasanan. *db.query*-funktio luo tietokantaan erilaisia SQL-kyselyitä. Se ottaa kyselyn merkkijonona ja callback-funktiona, joka käsittelee kyselyn tuloksia, jossa on joko tietokantakyselyn antama tulosjoukko tai tietokannan ajurin palauttamat tiedot virheestä.

Ennen esimerkkien ajamista täytyy luoda MySQL:ään tietokanta *nodedemo*, jonka jälkeen luodaan taulu (*Book*), jossa on seuraavanlainen rakenne:

```
CREATE TABLE Book (
    bid INT(6) UNSIGNED AUTO_INCREMENT PRIMARY KEY,
    name VARCHAR(30) NOT NULL,
    price DECIMAL,
    authors VARCHAR(50)
);
```

Tiedon lisääminen MySQL-tietokantaan

Jotta Nodella saadaan yhteys MySQL-tietokantaan, ohjelmassa täytyy ottaa käyttöön mysql-tietokanta-ajuri sekä muodostaan yhteys MySQL-tietokantaan. Tämän jälkeen suoritetaan määritelty tietokantaoperaatio.

Otetaan käsittelyyn esimerkki, jossa määritetään yhteys MySQL-tietokantaan antamalla **createConnection**()-metodilla. Kysely hoidetaan *query*()-metodilla, jolle välitetty callback-funktio tulostaa kyselyn tulokset.

```javascript
// mysqlInsert.js
const mysql = require('mysql');

// Setting MySQL connection details
const mydb = {
    host      : 'localhost',
    user      : 'root',
    pwd       : 'root66',
    database  : 'nodedemo',
    bookTable : 'Book'
}

const connection = mysql.createConnection({
    host     : mydb.host,
    user     : mydb.user,
    password : mydb.pwd,
    database : mydb.database
});

// Create database connection
connection.connect();

const insertData = {
    "bid"     : 6,
    "name"    : "Node.js in Action",
    "price"   : 44.99,
    "authors" : "Mike Cantelon, Marc Harter"
```

```
}

// Insert data into the database
const query = connection.query('INSERT INTO ' + mydb.bookTable + ' SET
?',
    insertData,
    (err, result) => {
        if (!err)
            console.log("data inserted succesfully. ")
        else
            console.log(err)
    }
);
console.log(query.sql);

connection.query('SELECT * from ' + mydb.bookTable,
    (err, rows, fields) => {
        if (!err) {
            console.log('MySQL query results');
            console.log(JSON.stringify(rows));
        }
    }
);

connection.end();
```

Ohjelma tulostaa onnistuneen INSERT-lisäyksen jälkeen:

```
INSERT INTO Book SET `bid` = 6, `name` = 'Node.js in Action', `price`
= 44.99, `authors` = 'Mike Cantelon, Marc Harter'
data inserted succesfully.
MySQL query results
```

[{"id":7,"bid":6,"name":"Node.js in
Action","price":44.99,"authors":"Mike Cantelon, Marc Harter"}]

MySQL – ajurin parannettu versio

Otetaan esimerkki uudemmasta mysql-tietokantaohjaimesta (**mysql2/promise**), joka on ohjelmointirajapinnaltaan yhteensopiva edellisessä esimerkissä käytetyn **mysql**-ajurin kanssa. Lisäksi se tukee suoraan asynkronisia metodeja (**async/await**) ja **promise**-oliota. Yhteys tietokantaan muodostetaan käyttäen tietokantayhteysallasta (*database connection pool*), joka tehdään **mysql.createPool**()-metodilla

Kirjoitetaan edellinen esimerkki uutta rajapintaa käyttäen.

```
// mysqlInsert_v2.js

// Setting MySQL connection details
const mydb = {
    host      : 'localhost',
    user      : 'root',
    pwd       : 'root66',
    database  : 'nodedemo',
    bookTable : 'Book'
}

const mysql = require('mysql2/promise');
const connection = mysql.createPool({
    host               : mydb.host,
    user               : mydb.user,
    password           : mydb.pwd,
    database           : mydb.database,
    waitForConnections : true,
    connectionLimit    : 10,
    queueLimit         : 0
```

```
});

const mysqlQueries = async () => {
    try {
        const insertData = {
            "bid"    : 6,
            "name"   : "Node.js in Action",
            "price"  : 44.99,
            "authors": "Mike Cantelon, Marc Harter"
        }

        // Insert data into the database
        const query = await connection.query(
            'INSERT INTO ' + mydb.bookTable + ' SET ?', insertData)
    } catch (err) {
        console.log(err);
    } finally {
        connection.end();
    }
}

mysqlQueries()
```

Ohjelma ei varsinaisesti tulosta mitään tietoja, mutta tietokannan tiedot saa ulos esim.
mysql-asiakasohjelmalla suoraan komentoriviltä:

```
mysql> select * from Book;
+----+-----+------------------+-------+----------------------------+
| id | bid | name             | price | authors                    |
| 9  |   6 | Node.js in Action | 44.99 | Mike Cantelon, Marc Harter|
```

MySQL – tiedon hakeminen

Seuraavassa esimerkissä haetaan dataa MySQL-tietokannasta SQL-kielen SELECT-lausekkeella.

```
// mysqlQuery_v2.js
//ks. esimerkki mysqlInsert_v2.js ja connection-yhteysolion luonti

const mysqlQueries = async () => {
    try {
        const [rows, cols] = await connection.query(
            'SELECT * from ' + mydb.bookTable)
        console.log(rows)
    } catch (err) {
        console.log(err);
    } finally {
        connection.end();
    }
}

mysqlQueries()
```

Ohjelma tulostaa lisätyn rivin tiedot tietokannasta:

```
[
  TextRow {
    id: 9,
    bid: 6,
    name: 'Node.js in Action',
    price: '44.99',
    authors: 'Mike Cantelon, Marc Harter'
  }
]
```

NoSQL ja Node

NoSQL ei ole käsitteenä yksinkäsitteinen. NoSQL-käsite voi tarkoittaa erityyppisiä tietokantoja, jotka eivät ole relationaalisia SQL-tietokantoja. NoSQL-termi voi sisältää monia erilaisia tietokantatyyppejä, mukaan lukien asiakirja-, avain-arvo- ja graafitietokannat jne.

Listataan muutamia tärkeimpiä asioita NoSQL-tietokannoista sekä niiden käytöstä Node-sovelluksessa:

- Monilla pilviympäristöillä on omat tietokannat, joihin sisältyy API-rajapinnat niiden käyttämiseksi

- NoSQL-tietokannat ovat hyviä käsittelemään suuria määriä tietoja

- enimmäkseen NoSQL-tietokannan tallentama data on skeematon tietorakenne

- Tietojen tallennus on hyvin skaalautuvaa

- NoSQL-tietokannoista mm. **MongoDB**, **CouchDB**, **HBase**, **Cassandra** ja **Redis** ovat hyvin tuettuina Express/Node -sovelluksessa.

Mongoose

Mongoose on korkeampi tasoinen tietokantarajapinta, joka käyttää MongoDB-tietokantaohjainta. Sitä käytetään, jos tarvitaan objekti-asiakirja -mallinnusta (**ODM** eli *Object Document Modeling*) -työkalua. **ODM** on vastaava kuin **ORM** (*Object Relational Mapping*) on relaatiotietokannoille.

Jos haluaa käyttää **MongoDB:tä** Noden kanssa ja välttää matalamman tason ohjelmointityötä, niin kannattaa käyttää **Mongoose**-modulia. Mongoose on kehittäjän kannalta helpompi valinta Express-sovelluskehyksen kanssa tarjoten sisäänrakennettuna tuen oliopohjaisten datamallien luomiseen. Sitä voi käyttää web-sovellusten ja palveluiden luomiseen.

Esimerkki: tietojen lisääminen MongoDB-tietokantaan

Otetaan seuraavaksi **Mongoose**-esimerkki, joka lisää uusia työntekijöitä MongoDB-tietokantaan. Ensimmäisenä alustetaan yhteys:

```
var mongoose = require('mongoose');


// mongoose connection
mongoose.connect('mongodb://localhost/demos', {
    useNewUrlParser   : true,
    useUnifiedTopology: true
})


var db = mongoose.connection;


// Create worker schema for mongoDb
var workerSchema = mongoose.Schema({
 id: Number,
 first_name: String,
 last_name: String,
 company: String,
 phone: Number,
});


db.on('error', console.error.bind(console, 'connection error:'));
```

Työntekijät tallennetaan *Employee*-nimiseen kokoelmaan, jonka sisältö määritellään *workerSchema*-skeemamäärittelyllä.

```
var Employee = mongoose.model('Employee', workerSchema);
```

Luodaan *Employee*-tyyppisiä oliota, jotka toteuttavat *WorkerSchema*-skeeman mukaiset olioiden ominaisuudet sekä niiden tyypit.

```
db.once('open', function callback () {

var Employee = mongoose.model('Employee', workerSchema);

var emp1 = new
Employee({"id":1,"first_name":"Amy","last_name":"Miller","company":"Ea
box","phone":"975006815910"});
var emp2 = new
Employee({"id":2,"first_name":"John","last_name":"Ferguson","company":
"Bubblemix","phone":"881101293810"});
var emp3 = new
Employee({"id":3,"first_name":"Betty","last_name":"Watkins","company":
"Jazzy","phone":"562387886293"});
var emp4 = new
Employee({"id":4,"first_name":"Daniel","last_name":"Washington","compa
ny":"Topdrive","phone":"871179598899"});
var emp5 = new
Employee({"id":5,"first_name":"Judy","last_name":"Gibson","company":"F
lipopia","phone":"180355457889"});

emp1.save();
emp2.save();
emp3.save();
emp4.save();
emp5.save();
```

Employee-olioiden tallentaminen mongo-tietokantaan tehdään *save*()-metodilla.

Olioiden hakeminen tehdään **find**()-metodilla antamalla hakuehto, joka seuraavassa esimerkissä on *id* >= *1*. Tämän jälkeen ketjutettu **exec**()-metodi suorittaa haun ja sille argumenttina annettu callback-funktio käsittelee virheet (*err*) tai kyselyn tuloksena

150

saadut vastaukset (*Employee*-olioita sisältävä *employees*-taulukko):

```
Employee.find({ id: { $gte: 1} }).exec(function (err, employees) {
  if(err) throw err;
  employees.forEach(function (emp) {
    console.log(emp['first_name'] + ' ' + emp['last_name'] + ' works
for ' + emp['company'] );
  });
```

Esimerkki: Mongo-asiakas

Otetaan esimerkki komentoriviltä tapahtuvaan kytkeytymiseen MongoDB-tietokantaan. Käytetään komentoriviltä ajettavaa **mongo**-asiakasohjelmaa, joka tulee mongo-tietokantapalvelimen mukana:

```
$ mongo
MongoDB shell version v3.6.3
connecting to: mongodb://127.0.0.1:27017
MongoDB server version: 3.6.3
```

Seuraava esimerkki kytkeytyy aluksi *demos*-tietokantaan, joka sisältää *employees*-kokoelman. Lopuksi haetaan tietokantaan tallennetut dokumentit JavaScript-pohjaista kyselykieltä käyttäen kokoelman *find()*-metodilla.

```
> use demos
switched to db demos

> show tables
devices
employees
system.indexes
users
```

```
> db.employees.find()
{ "__v" : 0, "_id" : ObjectId("5746e34531f325eb53f7bfb8"), "company" :
"Mynode", "first_name" : "Amy", "id" : 1, "last_name" : "Miller",
"phone" : 975006815910 }
{ "id" : 2, "first_name" : "John", "last_name" : "Ferguson" ... }
jne.
```

RESTful-sovellus

Tyypillisesti **RESTful API** -pohjainen Node-sovellus, joka käyttää Mongo-tietokantaa, luodaan seuraavilla työkaluilla: **Node**, **Express 4** ja sen **Router**-reititysmoduuli, minkä lisäksi käytetään **Mongoose**-kirjastoa yhteydenpitoon **MongoDB**-kokoelman kanssa.

RESTful API toteutetaan tavallisimmin seuraavia periaatteita käyttäen:

- Sisältää standardin URL-osoitteen sovellukselle (*/api/v1*, */api/v2* jne.), jossa mukana on usein myös API:n versiointi

- Käytetään oikeita HTTP-verbejä (**GET**, **POST**, **PUT**, ja **DELETE**)

- palautetaan tai lisätään pääasiassa vain **JSON**-dataa, mutta tarvittaessa myös esim. **XML**-dataa tai binäärisiä tiedostoja (kuvat, PDF jne.)

- Toteutetaan **CRUD**-operaatiot jollekin resurssille (*Create*, *Read*, *Update* ja *Delete*), mutta ei välttämättä kaikkia, vaan tarvittavat osat

- Lokitetaan kaikki HTTP-pyynnöt

Yksinkertainen REST-esimerkki

Seuraava REST-sovellus toteuttaa REST-rajapinnan kielten lisäämiseksi. Tämä esimerkki ei sisällä vielä lainkaan tallentavaa tietokantaa, joten sitä voi käyttää vain REST-rajapinnan testaamiseen. Usein REST-sovelluksen ensimmäinen kokeiluversio toteutus tehdään tällä periaatteella rakentaen ensin toimiva "demoratkaisu", johon sitten myöhemmin laajennetaan tarvittavat toiminnallisuudet, kuten tallennus tietokantaan, päivittäminen tietokantaan ja hakeminen tietokannasta.

Määritetään Express-sovellus sekä *lang*-taulukko, johon REST-palvelun tarjoamat tiedot tallennetaan.

```
// rest_langcodes/app.js
```

153

```javascript
const application_root = __dirname,
    express = require("express"),
    path = require("path"),
    url = require("url"),
    mongoose = require('mongoose')

const bodyParser = require('body-parser')

const app = express()
// config
app.use(bodyParser.urlencoded({extended: false}))

let lang = [
    {
        "code": "fi",
        "name": "Finnish",
    },
    {
        "code": "se",
        "name": "Swedish",
    },
    {
        "code": "en",
        "name": "English",
    },
    {
        "code": "no",
        "name": "Norwegian",
    },
    {
        "code": "da",
        "name": "Danish",
```

```
}]
```

Tämän jälkeen toteutetaan REST-palvelun tarjoamat metodit. Kutsuttaessa HTTP-protokollan GET-metodilla palvelun juuriosoitetta palautetaan kaikki kielet:

```
app.get('/', (req, res) => {
    let list = []
    for (let i in lang) {
        list.push(lang[i])
    }
    res.json(list)
})
```

Kuva: REST-sovelluksen juuri selaimesta (JSON-parsittu).

Toteutetaan myös GET-metodilla toimiva haku, jossa välitetään */search*-polkuun *code*-parametri (kutsutaan esim. */search?code=fi*):

```
app.get('/search', (req, res) => {
    console.log("search: " + req.query.code)
```

155

```
    if (req.query.code != undefined)
        for (let i = 0; i < lang.length; i++) {
            if (lang[i].code === req.query.code) {
                console.log(i + ":" + lang[i].code)
                res.json(lang[i])
                return
            }
        }
    res.nameCode = 404
    res.send('Error code 404: language ' + req.query.code + ' not
found')
})
```

Päivitetään olemassa olevaa kieltä sen *id*-arvon perusteella kutsumalla */update*-polkua
PUT-metodilla:

```
app.post('/update', (req, res) => {
    req.body = JSON.parse(JSON.stringify(req.body)) // hack
    if (!req.body.hasOwnProperty('code') && !req.body.hasOwnProperty(
        'name') && !req.body.hasOwnProperty('id')) {
        res.nameCode = 400
        return res.send('Error code 400: No code given.')
    }

    console.log("Update" + req.body)
    const id = req.body.id - 1
    lang[id] = {
        "code": req.body.code,
        "name": req.body.name,
        "id"  : req.body.id
```

```
    }
    res.json(lang[id])
})
```

Uusi kieli lisätään kutsumalla /add-polkua POST-metodilla:

```
app.post('/add', (req, res) => {
    req.body = JSON.parse(JSON.stringify(req.body)) // hack
    if (!req.body.hasOwnProperty('code') && !req.body.hasOwnProperty(
        'name')) {
        res.nameCode = 400
        return res.send('Error code 400: No code & name given.')
    }

    const newItem = {code: req.body.code, name: req.body.name}
    lang.push(newItem)

    res.json(newItem)
})
```

HTML-lisäyslomake tulostetaan /form-polun kautta.

```
app.get('/form', (req, res) => {
    // app.post('/', ... route receive result of this form
    const txt = '<form action="/add" method="post">' +
        'Code:' +
        '<input type="text" name="code" id="code" placeholder="..."
/>' +
        'Name:' +
        '<input type="text" name="name" id="name" placeholder="..."
/>' +
        '<br>' +
        '<button type="submit">Submit</button>' +
```

```
        '</form>'

    res.send(txt)
})
```

HTML-päivityslomake tulostetaan */form-update*-polun kautta.

```
app.get('/form-update', (req, res) => {
    // app.post('/', ... route receive result of this form
    const txt = '<form action="/update" method="post">' +
        'Id:' +
        '<input type="text" name="id" id="id" placeholder="..." />' +
        'Code:' +
        '<input type="text" name="code" id="code" placeholder="..."
/>' +
        'Name:' +
        '<input type="text" name="name" id="name" placeholder="..."
/>' +
        '<br>' +
        '<button type="submit">Submit</button>' +
        '</form>'

    res.send(txt)
})
```

Tiedon poistaminen onnistuu */delete*-polun kautta:

```
app.delete('/remove/:code', (req, res) => {
    const scode = req.params.code
    console.log("Delete with code = " + scode)

    if (scode === "undefined") {
        res.nameCode = 404
```

```
            return res.send('Code of the language not set correctly')
    } else {
        for (let i = 0; i < lang.length; i++) {
            if (lang[i].hasOwnProperty('code') && lang[i].code ===
scode) {
                console.log("Deleted: " + i + ":" + lang[i].code)
                const removed = lang.splice(i, 1)
                return res.json(removed)
            }
        }
    }
    res.send('Error code 404: language ' + scode + ' not found')
})


app.listen(process.env.PORT || 9000)
module.exports = app
```

REST-palvelun testaaminen – curl

Käytetään testaamiseen **curl**-ohjelmaa, jolla on hyvin yksinkertainen ja nopea testata tuotettuja REST-palveluita sekä niiden toiminnallisuutta. Alla **curl**-skripti, joka testaa REST-palvelun GET- ja DELETE-metodien toiminnan:

```
#!/bin/bash
PORT=9000
curl -X GET http://localhost:$PORT/
curl -X DELETE http://localhost:$PORT/remove/fi
curl -X GET http://localhost:$PORT/search?code=fi
curl -X GET http://localhost:$PORT/search?code=se
```

Ohjelma tulostaa haetut kielen, jonka jälkeen poistetaan *fi*-koodilla oleva kieli, jota ei enää haettaessa (*/search*) löydetä:

159

```
$ sh curl_langcodes_test.sh
[{"code":"fi","name":"Finnish"},{"code":"se","name":"Swedish"},
{"code":"en","name":"English"},{"code":"no","name":"Norwegian"},
{"code":"da","name":"Danish"}]
[{"code":"fi","name":"Finnish"}]
Error code 404: language fi not found
{"code":"se","name":"Swedish"}
```

chai-http: REST-palvelun testaaminen

Otetaan esimerkki REST-palvelun testaamisesta **chai-http**-moduulia käyttäen. Siinä testit on jaettu kolmeen eri tiedostoon ajamista varten. Testi käyttää **chai**- ja **chai-http** -moduuleja testaamaan HTTP-pohjaista REST-palvelua. Itse REST-palvelua ei tule käynnistää ennen testejä, vaan testit ajavat itse REST-palvelun sekä palauttavat ja käsittelevät tuloksen.

Mocha on taukseen soveltuva sovelluskehys (*core testing framework*) tarjoaa yleiset testausfunktiot kuten **describe**- ja **it**-funktiot. Se tarjoaa myös pääfunktion testin suorittamiseen. Vastaavasti **chai**-kirjasto sisältää assertions-väittämiä, joita voi käyttää testeissä erilaisiin vertailuihin.

Esimerkissä käytetään **chai**-kirjaston *should*()-tyyliä, joka testaa, että arvo on se, mitä väitetään:

```
let should = require('chai').should()
let numbers = [10, 20, 30]
numbers.should.be.an('array').that.includes(30)
numbers.should.have.lengthOf(3)
```

Testien ajaminen

Testataan ensin HTTP:n GET-metodia pyytämällä juuri URL-osoitetta. Tässä tapauksessa tulee kaikkien palveluun ladattujen kielten palautua ja nyt niitä on taulukossa viisi kappaletta:

160

```
const chai = require('chai')
const chaiHttp = require('chai-http')
const server = require('../app')
const should = chai.should()

chai.use(chaiHttp)

it('should list ALL langs on / GET', async () =>
    chai.request(server)
        .get('/')
        .then((res) => {
            console.log(res.body)
            res.should.have.status(200)
            res.should.be.json
            res.body.should.be.a('array')
            res.body.should.have.lengthOf(5)
            //done()
        })
        .catch(function (err) {
            throw err;
        })
)
```

Testataan uuden kielen lisäämistä POST-metodilla lähettämällä uuden kielen tiedot /add-osoitteeseen, ja varmistamalla, että palautetaan lisätyn kielen tiedot.

```
const chai = require('chai')
const chaiHttp = require('chai-http')
const server = require('../app')
const should = chai.should()

chai.use(chaiHttp)
```

```
it('should add a SINGLE lang on route /add POST', () =>
    chai.request(server)
        .post('/add')
        .send("name=Germany&code=de")
        .then((res) => {
            console.log(res.body)
            res.should.have.status(200)
            res.should.be.json
            res.body.should.be.a('object')
            res.body.should.have.property('code')
            res.body.should.have.property('name')
            res.body.code.should.equal('de')
            res.body.name.should.equal('Germany')
        })
        .catch(function (err) {
            throw err;
        })
)
```

Vastaavasti PUT-metodilla *update*-polkuun testataan, että aiemmin POST-metodilla lähetetyn kielen tietojen muuttaminen onnistuu.

```
const chai = require('chai')
const chaiHttp = require('chai-http')
const server = require('../app')
const should = chai.should()

chai.use(chaiHttp)

it('should update a SINGLE lang on route /update PUT', () =>
    chai.request(server)
```

162

```
        .put('/update')
        .send("name=Suomi&code=fi&id=1")
        .then((res) => {
            console.log(res.body)
            res.should.have.status(200)
            res.should.be.json
            res.body.should.be.a('object')
            res.body.should.have.property('id')
            res.body.should.have.property('code')
            res.body.should.have.property('name')
            res.body.code.should.equal('fi')
            res.body.name.should.equal('Suomi')
            res.body.id.should.equal('1')
        })
        .catch(function (err) {
            throw err;
        })
)
```

Testien ajaminen tapahtuu **mocha**-komennolla siitä hakemistossa, missä *test/*-hakemisto sijaitsee. Ohjelman ajaminen antaa tuloksen, jossa haku onnistui, tiedon lisääminen POST-metodilla */add*-polkuun onnistui sekä tiedon päivittäminen PUT-metodilla */update*-polkuun onnistui:

```
$ mocha
[
  { code: 'fi', name: 'Finnish' },
  { code: 'se', name: 'Swedish' },
  { code: 'en', name: 'English' },
  { code: 'no', name: 'Norwegian' },
  { code: 'da', name: 'Danish' }
]
```

163

```
  ✓ should list ALL langs on / GET
{ code: 'de', name: 'Germany' }
  ✓ should add a SINGLE lang on route /add POST
{ name: 'Suomi', code: 'fi', id: '1' }
{ code: 'fi', name: 'Suomi', id: '1' }
  ✓ should update a SINGLE lang on route /update PUT
```

Uudelleen reitittäminen

Palvelun osoitteen uudelleen reitittäminen on usein tarvittava ominaisuus. Tämä onnistuu Express-sovelluksessa käyttämällä **express.Router**-moduulia ja kiinnittämällä URL-osoitteeseen uusi alkuosa **use**()-metodilla.

Seuraavassa esimerkissä käytetään *api/* -reittiä koko REST-sovellukselle:

```
var router = express.Router();

router.get('/', function(req, res) {
    res.json({ message: 'use api' });
});

// all routes will be prefixed with /api
app.use('/api', router);
```

RESTful API

Tyypillisesti RESTful API-sovellus suunnitellaan siten, että sinä käytetään kaikkia yleisimpiä HTTP-metodeja: **GET**, **POST**, **PUT** ja **DELETE**. Vastaavasti **URL**-osoite kuvaa resurssia, jolle annetaan joko parametreja osana URL-osoitetta tai osoitteen jälkeen tulevina HTTP-parametreina (*?avain=arvo&avain2=arvo2*).

Otetaan esimerkki **blogien** luomisesta, päivittämisestä sekä hakemisesta. Otetaan mukaan myös blogien kommenttien haku, lisäys ja poisto. Yleensä API laajenee myöhemmin, mutta perusasiat kannattaa pitää samanlaisia siitä huolimalla. Seuraavassa esimerkissä esitetään blogien ja niiden kommenttien käsittelyyn **REST API** -rajapinta:

- GET */api/blog* - palauttaa kaikki blogit

- GET */api/blog/:id* - palauttaa yhden blogin annettava *id:n* perusteella

- GET */api/blog/search?year=2020* - palauttaa vuoden 2020 blogit

- POST */api/blog* – luo uuden blogin

- PUT */api/blog/:id* - päivittää blogin, joka haetaan *id:n* perusteella, sisällön

- DELETE */api/blog/:id* – poistaa *id:n* perusteella blogin

- GET */api/blog/:id/comment* – hakee *id:n* perusteella tietyn blogin kommentit

- POST */api/blog/:id/comment* – lisää uuden kommentin *id*-blogiin

- DELETE */api/blog/:id/comment/:cid* – poistaa yhden blogin kaikki kommentit

- DELETE */api/blog/:id/comment/:cid* – poistaa blogin yhden kommentin *cid:n* perusteella

RESTful-palvelu ja MongoDB-tietokanta

Toteutetaan RESTful API, joka tallentaa tapahtumia (events) MongoDB-tietokantaan. Esimerkissä käytetään **Mongoose**-rajapintaa käsittelemään MongoDB-tietokannassa olevaa tietoa.

Määritetään aluksi sovelluksen pääluokka:

```
// MongooseRestService/app.js
const app = require('./MongooseEventDemo')

const server = app.listen(process.env.PORT || 3300, () => {
    console.log('Express server listening on port ' +
server.address().port)
})
```

Pääluokasta ladataan **express**-sovellus, jossa ensin alustetaan Express-sovellus, josta **mongoose**-rajapintaa käyttäen luodaan yhteys MongoDB-tietokantaan.

```
const express = require('express')
const bodyParser = require('body-parser')
const mongoose = require('mongoose')

const events = require('./routes/events') // Routes is defined in here

/* config can support both URL encoding or JSON encoding
   assuming POST: name=ben&course=java          <-- URL encoding
   or         POST: {"name":"ben","course":"java"}  <-- JSON encoding
*/
const app = express()

// mongoose connection
mongoose.connect('mongodb://localhost/rooms', {
    useNewUrlParser   : true,
    useUnifiedTopology: true
})
```

```
app.use(bodyParser.json()) // to support JSON-encoded bodies
app.use('/api', events)    // call to route middleware
module.exports = app
```

mongoose-skeema (*eventSchema*) määritetään tiedostossa *event.js*, jossa sidotaan *Event*-malli määritettyyn skeemaan. Tämä *Event*-malli tallentaa kaiken siihen liitetyn tiedon suoraan MongoDB-tietokantaan:

```
const mongoose = require('mongoose')
const Schema = mongoose.Schema

// create a schema for events
const eventSchema = new Schema({
    name     : String,
    location : String,
    evdate   : Date,
})

// First create a model using eventSchema
let Event = mongoose.model('Event', eventSchema)

module.exports = Event
```

Kaikki RESTful API -rajapinnan metodit määritetään tiedostossa *routes/events.js*:

```
const Event = require('../model/event') // DataModel reference
const express = require('express')
const router = express.Router()

const cors = require('cors') // CORS support

router.use(cors()) // CORS allow Cross Origin requests for this server
```

```
// Now Router support CORS request for any client
// You can use CORS with router in this kind of application where
router routes path to the right functions

module.exports = router

let events = []
```

Tiedon hakeminen tapahtuu GET-metodilla /events-polkuun:

```
router.route('/events')
    // get All events
    .get((req, res) => {

        Event.find({}, (err, list) => {
            if (err) throw err

            // object of all the events
            console.log(list)
            return res.json(list)
        })

    })
```

Uuden tapahtuman luominen tehdään POST-metodilla palvelun /events-polkuun:

```
    .post((req, res) => {
        console.log("POST: " + req.body)

        if (!req.body.hasOwnProperty('name')) {
            res.nameCode = 400 // res.status(400) tai res.statusCode =
400
```

```
            return res.json({message: 'Error 400: No name given'})
        }

        const newEvent = new Event({
            name     : req.body.name,
            location: req.body.location,
            evdate   : new Date()
        })
        console.log(newEvent)

        // save the event
        newEvent.save(err => {
            if (err) throw err
            console.log('Event created!')
        })

        return res.json({message: 'Event Added with name ' +
req.body.name})
    })
```

Tapahtumat voi poistaa DELETE-metodin avulla. Tässä poistetaan kaikki tapahtumat, mutta **remove**()-metodille annettavan suodattimen (*{}*) avulla voi poistaa yksittäisiä tapahtumia, jotka täsmäävät annettuun hakuehtoon:

```
    .delete((req, res) => {
        console.log("DELETE: " + req.body)

        Event.remove({}, err => {
            if (err) throw err
            // you can handle deletion errors also
        })
```

```
        return res.json({message: 'All events was Deleted!'})
    })
```

REST-asiakasohjelma

Kirjoitetaan **curl**-asiakasohjelmaa käyttäen testiohjelma:

```
#!/bin/bash
PORT=3300
curl -X DELETE http://localhost:$PORT/api/events
curl -X POST -i -H "Content-Type: application/json" --data
'{"name":"Football Game","location":"Tampere"}' http://localhost:
$PORT/api/events
curl -X POST -i -H "Content-Type: application/json" --data
'{"name":"Rock Concert","location":"Jyväskylä"}' http://localhost:
$PORT/api/events
curl -X POST -i -H "Content-Type: application/json" --data
'{"name":"Node Conference","location":"Lappeenranta"}'
http://localhost:$PORT/api/events
curl -X GET http://localhost:$PORT/api/events
```

Joka ajamisen jälkeen palauttaa (osa HTTP-protokollan tulostuksessa jätetty pois):

```
$ sh curl_client.sh
{"message":"All events was Deleted!"}HTTP/1.1 200 OK
:::
{"message":"Event Added with name Football Game"}HTTP/1.1 200 OK
:::
{"message":"Event Added with name Rock Concert"}HTTP/1.1 200 OK
:::
{"message":"Event Added with name Node Conference"}
:::
[{"_id":"5e9c3a425977923308d0788b","name":"Football
```

```
Game","location":"Tampere","evdate":"2020-04-
19T11:47:14.398Z","__v":0},
{"_id":"5e9c3a425977923308d0788c","name":"Rock
Concert","location":"Jyväskylä","evdate":"2020-04-
19T11:47:14.417Z","__v":0},
{"_id":"5e9c3a425977923308d0788d","name":"Node
Conference","location":"Lappeenranta","evdate":"2020-04-
19T11:47:14.436Z","__v":0}]
```

Lopuksi tulostetaan kaikki MongoDB-tietokantaan lisätyt tapahtumat. Testiohjelma myös poistaa kaikki tapahtumat ennen uusien tapahtumien lisäämistä.